古代才子

他们以文载道，以艺扬名
谁说东华门外唱名者才是好男儿

夏梓郡 ◎ 著

沈阳出版发行集团
沈阳出版社

图书在版编目（CIP）数据

中国古代才子 / 夏梓郡著. -- 沈阳：沈阳出版社，2025.1. -- ISBN 978-7-5716-4719-3

Ⅰ.K825.4

中国国家版本馆 CIP 数据核字第 2025SD1089 号

出版发行：	沈阳出版发行集团｜沈阳出版社
	（地址：沈阳市沈河区南翰林路10号　邮编：110011）
网　　址：	http://www.sycbs.com
印　　刷：	三河市兴达印务有限公司
幅面尺寸：	170mm×240mm
印　　张：	12.5
字　　数：	172 千字
出版时间：	2025 年 1 月第 1 版
印刷时间：	2025 年 1 月第 1 次印刷
责任编辑：	王冬梅
封面设计：	鲍乾昊
版式设计：	雷　虎
责任校对：	张　磊
责任监印：	杨　旭

书　　号：ISBN 978-7-5716-4719-3

定　　价：49.80 元

联系电话：024-24112447

E-mail：sy24112447@163.com

本书若有印装质量问题，影响阅读，请与出版社联系调换。

写在前面的话

在历史长河中，每个时代都涌现出璀璨才子，他们以诗传情，以文载道，以艺扬名，或以功立业，共同织就华夏文明的辉煌篇章。本书精选二十四位才子，跨越时空，横跨多域，以独特生命轨迹诠释"才子"的广义与深度。

屈原与司马相如，如两颗璀璨星辰，分别以楚辞之瑰丽、汉赋之磅礴，照亮了文坛的广阔天空。司马迁以《史记》为笔，镌刻历史长河中的不朽篇章，成就了史家之绝唱。曹植，则如建安风骨中的一座丰碑，屹立不倒；嵇康，不仅文学造诣深厚，更以高洁人格成为后世士人心中的灯塔。

两晋风云变幻，却难掩才子光芒。陶渊明，悠然归隐，以田园为纸，诗篇为墨，绘就一幅幅宁静致远的画卷；王羲之，挥毫泼墨，被誉为"书圣"，兰亭之会，更是流传千古的佳话。

大唐盛世，文化如日中天。王勃以《滕王阁序》惊艳四座，展现了少年才子的锋芒毕露；李白，诗笔浪漫不羁，如同盛唐的一缕清风，拂过人心；杜甫，情深意重，以诗记录时代苦难，人民疾苦，令人动容；白居易，通俗易懂，为百姓而歌，共绘盛唐的繁荣景象。韩愈、王维，文哲书艺皆炉火纯青，吴道子更是以超凡画技，被誉为"画圣"，推动了唐代绘画艺术的蓬勃发展。

宋代，陆游以实践为笔，告诫后人事必躬亲；苏轼乐观豁达，以词抒怀，笑对人生风雨。柳永、辛弃疾，词风独特，或婉约或豪放，共同书写了人生的悲欢离合，成为宋代文学的璀璨明珠。

明清之际，唐伯虎诗画双绝，风流倜傥；徐霞客以脚为笔，游记开地理文学之新篇；纳兰性德词作深情细腻，触动人心；曹雪芹则以《红楼梦》一部，深刻揭示了封建社会的兴衰荣辱，引人深思。

这二十四位才子，各领风骚，以非凡才华、不懈追求，留下不可磨灭的印记。他们不仅是文学才子，更是历史、文化、艺术乃至探险的佼佼者。本书旨在通过其生平事迹与代表作，引领读者感受各领域独特魅力，理解"才子"背后的深厚文化底蕴与多元价值，汲取灵感，感悟人生。

郑板桥	徐霞客	唐寅	陆游	柳永	韩愈
190	182	174	166	158	150	142	134	126	118	110	102
曹雪芹	纳兰性德	汤显祖	辛弃疾	苏轼	白居易

目录

屈原	司马迁	嵇康	陶渊明	吴道子	李白
2	12	20	28	36	44	52	60	68	76	84	94
司马相如	曹植	王羲之	王勃	王维	杜甫

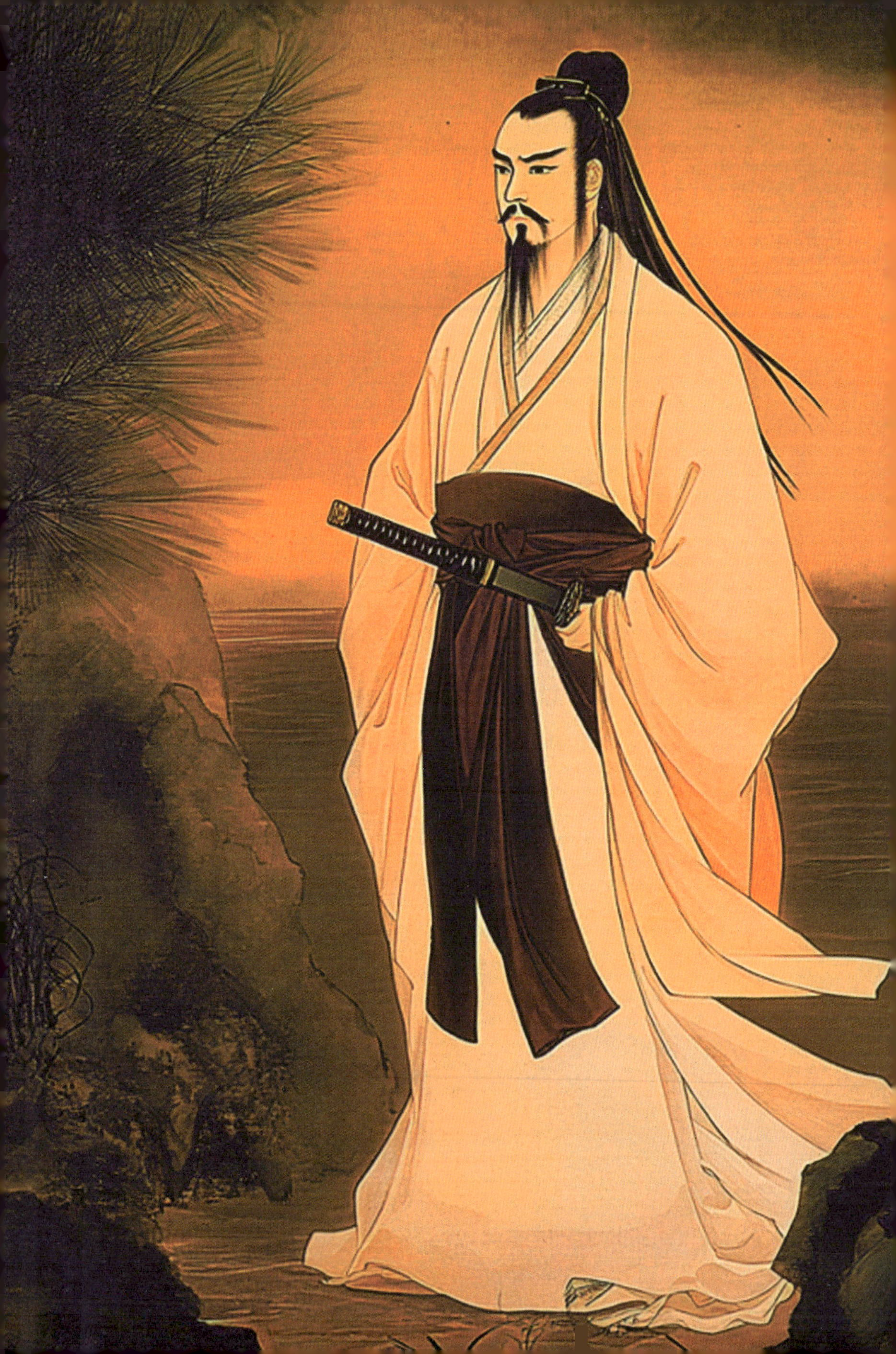

上下求索,九死无悔 ——屈原

他是楚辞的开创者,被誉为「楚辞之祖」

他是中国古代伟大的浪漫主义爱国诗人

他的作品《离骚》等被誉为中国古典文学的高峰

凤鸣朝阳

屈原（公元前340年—公元前278年），名平，字原，是战国时期楚国丹阳秭归（今湖北宜昌）的贵族后裔。他自幼接受严格的礼乐教育，培养了深厚的文化底蕴与高尚的道德情操。青年时期，他广泛涉猎古籍，深入研究《诗经》等古典文学，展现出卓越的才华。

在政治生涯中，他曾任楚国左徒，负责管理国家内政外交事务，但因政治主张与改革措施受阻而遭权臣排挤，最终被流放。在流放期间，他创作了大量反映爱国情怀与个人遭遇的诗歌，成为中国文学史上楚辞风格的杰出代表。

雅趣横生

屈氏由来

屈原的屈氏源自楚国贵族，与楚王共承芈姓，此姓源远流长，源自三皇五帝的颛顼，后由熊绎因功勋卓著，受周朝册封，定居于丹阳，即今日湖北宜昌之地，此地亦成了屈原的故乡，承载着家族的荣耀与历史的沉淀。屈原也在《离骚》中写道自己是"帝高阳之苗裔"，帝高阳就是五帝之一的颛顼帝。

屈　原

　　回溯至春秋初期，约公元前七世纪，楚武王熊通的子嗣中，有一位被封于"屈"地，名为屈瑕。自此，其后代便以屈为氏，铭记封地之恩。在楚国王族之中，与屈氏并肩的，还有春秋时的若敖氏与蒍氏，及至战国，则有昭氏与景氏崛起。

　　昭、屈、景三姓，构成了楚国王族的鼎足之势，而屈氏尤为特别，自春秋前期绵延至战国后期，世代位居楚国高层，家族之树常青，见证了楚国的兴衰变迁。

　　屈原作为楚王本家的一员，属于"公族"或"公室"，他与楚国的纽带，自然非同寻常。回溯屈氏家族，诸如屈重、屈完、屈到、屈建等先辈，均在楚国担任过举足轻重的职位，他们的功绩如同星辰，照亮了屈氏的荣耀天空。

　　然而，时至屈原这一代，屈氏家族中担任高官者已寥寥，仅屈原与后来不幸被秦国俘虏的大将屈匄二人。屈原在其作品《九章·惜诵》中，有诗句"忽忘身之贱贫"，字里行间透露出彼时这个曾经显赫的贵族家庭，已然步入了衰落的轨道。

张仪欺楚

　　在战国时期，秦国为了打破六国的合纵联盟，精心策划了一场外交攻势，派遣了口才出众的张仪出使楚国。张仪一到楚国，就对楚怀王实施了欺骗。

　　他向楚怀王提出了一个极为诱人的提议：只要楚国愿意与齐国断绝联盟关系，秦国便愿意将商於之地六百里割让给楚国。这个提议让楚怀王心动不已，他开始倾向于接受这个条件。

　　然而，屈原却对张仪的提议表示了强烈的反对。他多次求见楚怀王，直言不讳地指出张仪的阴谋和秦国的险恶用心。屈原以其深邃的洞察力和对秦国的了解，向楚怀王详细分析了秦国的野心和欺骗手段。他担心一旦楚国与齐国断绝关系，将会陷入孤立无援的境地，而秦国则会趁机对楚国发动攻击。

屈原恳切地请求楚怀王慎重考虑，不要被张仪的甜言蜜语所迷惑，要坚守楚国的利益和尊严。

但是，楚怀王却被张仪的言辞所打动，没有听从屈原的忠告。他决定与齐国断绝关系，并派遣使者前往秦国接收土地，但是秦国却没有任何的动作，楚怀王明白了秦国的意思，秦王担心楚国是假意与齐国断交，于是楚怀王就派出使者，在齐楚的边境线上，大骂齐王，看着齐楚就此撕破了脸皮，秦国才放心下来。

屈原对此深感愤怒和无奈，他眼睁睁地看着楚国一步步走向陷阱，却无力阻止这一悲剧的发生。他只能默默地站在一旁，看着楚怀王被张仪的谎言所蒙蔽，心中充满了悲痛和无奈。

果然，当楚国使者前往秦国接收土地时，张仪却翻脸不认账，声称自己从未承诺过六百里土地，只是六里而已。楚怀王意识到被骗后，愤怒之下发兵攻打秦国，结果却遭到惨败。楚国的军力因此大损，抗秦的力量也进一步被削弱。

对话渔父

屈原在被流放之后，心情沉郁，独自一人漫步在江边。夕阳的余晖洒在他的身上，映照出他瘦削的身影。这时，一位渔父注意到了他，见他面容愁苦，便上前询问他的身份和遭遇。

屈原向渔父倾诉了自己的苦闷和无奈。他讲述了自己如何因坚持正义和忠诚而被权贵排挤，最终遭到流放的命运。他表示自己不愿与世俗同流合污，宁愿选择死亡来保持自己的清白和忠诚，也不愿屈服于权贵的压力。

渔父听后，眉头紧锁，沉思片刻。他理解屈原的遭遇和心情，也感叹世态炎凉。

屈原画像

然后，他缓缓劝慰屈原说："圣人不凝滞于物，而能与世推移。你看这世间，众人皆追求名利，行为污浊。你何不也暂时放下清高，随波逐流呢？又或者，众人皆沉醉于世俗的欢乐，你何不也尝试去享受其中的乐趣呢？这样或许能让你在世间找到一丝安宁，不必如此苦闷。"

屈原听后，眼神更加坚定。他摇了摇头，表示："吾闻之，新沐者必弹冠，新浴者必振衣。我怎能以身之清白，去受那污浊之物的沾染呢？我宁愿赴湘流，葬于江鱼之腹中，也不愿让我的清白之身，蒙受世俗的尘埃。我的清白和忠诚，是我生命的全部。

我怎能因世俗的污浊而妥协呢？我宁愿选择死亡，也要保持我的清白和忠诚。"

渔父听后，默默地点了点头，他理解屈原的坚持和执着，也感叹他的清白和忠诚。

在离开之前，渔父意味深长地对屈原说："沧浪之水清兮，可以濯吾缨；沧浪之水浊兮，可以濯吾足。世间万物，各有其用，各有其道。你坚守你的清白和忠诚，我则顺应世俗而生。愿你找到属于自己的道，无论清浊，都能安然处之。"

说完，渔父便默默地离开了，留下屈原一人在江边继续他的沉思和徘徊。屈原的身影在江风中显得孤独而坚定，他望着滚滚的江水，心中充满了对未来的迷茫和对过去的追忆。

他知道，自己的清白和忠诚，已经无法得到世人的认可和理解，但他依然选择坚守自己的信念和原则。

经纶满腹

毫无疑问，屈原是中国文学的代表人物，才华显著的他，有着多种风格不同的代表作。《离骚》作为屈原最负盛名的代表作，开篇即以"长太息以掩涕兮，哀民生之多艰"表达了对国家命运和人民疾苦的深切关怀。全诗通过丰富的修饰与艺术手法，如"龙驾兮帝服，聊翱游兮周章"描绘了屈原内心的挣扎与追求，展现了他对国家未来的期许与个人遭遇的悲愤之情。这部作品不仅以其宏大的结构和深邃的内涵而著称，更在其中透露出的屈原那坚

屈　原

忍不拔与忠诚爱国的性格特质。

而《天问》则展现了屈原对于宇宙、人生、历史的深刻思考。在这部作品中，屈原以问答的形式，对天地、历史、神话等进行了深入的探讨。如"遂古之初，谁传道之？上下未形，何由考之？"体现了他那广博的知识与卓越的哲学思考。

这种对于知识的渴求与对于真理的探索，正是屈原作为一位伟大才子的独特之处。

再来看《九歌》，这部作品以其优美的旋律与深情的歌词而著称，充分展现了屈原在音乐与诗歌方面的卓越才华。其中的《湘君》一篇，"君不行兮夷犹，蹇谁留兮中洲？"通过细腻的笔触描绘了湘君的深情与期盼，让人感受到屈原那细腻的情感与丰富的想象力。

除了上述三部作品外，屈原的其他诗歌，也同样具有极高的文学价值与学术意义。他的作品不仅在当时引起了广泛的关注与赞誉，更在文学史上留下了深刻的印记。

屈原的作品不仅具有高度的文学性，更蕴含了丰富的哲学思想与人文精神。这种将文学与哲学、人文相结合的风格，正是屈原作为一位伟大才子的独特之处。

在赏析屈原的作品时，我们不难发现他对于自然、神话、历史的浓厚兴趣与独特见解。他善于运用修辞的手法，将个人的遭遇与国家的命运紧密相连，展现出他的爱国情怀。

识才尊贤

"屈平既嫉之,虽流放,眷顾楚国,系心怀王,不忘欲反,冀幸君之一悟,俗之一改也。其存君兴国而欲反覆之,一篇之中,三致志焉。"

——司马迁《史记·屈原贾生列传》

【译】"屈原虽然被流放,但他仍然眷顾着楚国,心系着怀王,不曾忘记想要返回朝廷,希望君王能够醒悟,世俗能够改变。他心系着保全君王、振兴国家,想要使楚国恢复往日的强盛,在一篇文章之中,多次表达了他的这种志向。"

"不有屈原,岂见《离骚》。惊才风逸,壮志烟高。山川无极,情理实劳。金相玉式,艳溢锱毫。"

——刘勰《文心雕龙·辨骚》

【译】"如果没有屈原,我们岂能见到《离骚》这样的杰作。他的才华惊世骇俗,风姿飘逸,壮志凌云,高不可攀。他的诗篇描绘的山川无穷无尽,情理深沉,实在令人感慨。他的作品如同金玉般珍贵,每一个字句都闪耀着艳丽的光彩,细腻入微,无与伦比。"

"屈原,楚同姓也。同姓无可去之义。""同姓兼恩与义,而屈原可以不死乎?""楚无人焉,屈原如去国,则楚必从而亡。""屈原虽被放逐,又徘徊而不去楚,其意是生不得力争强谏,死犹冀其感。""虽死犹

屈　原

不死也。"

——洪兴祖《楚辞补注》

【译】"屈原，是楚王的同姓。同姓之人没有可以离开故国的道义。""同姓之人既承载着恩情又承载着道义，那么屈原难道可以不死吗？""楚国没有贤能的人了，如果屈原离开楚国，那么楚国必定会随之而亡。""屈原虽然被放逐，但仍然徘徊不去楚国，他的心意是活着的时候不能奋力争辩、强力进谏，死后还希望楚王能感悟。""即使死了也如同没有死一样啊。"

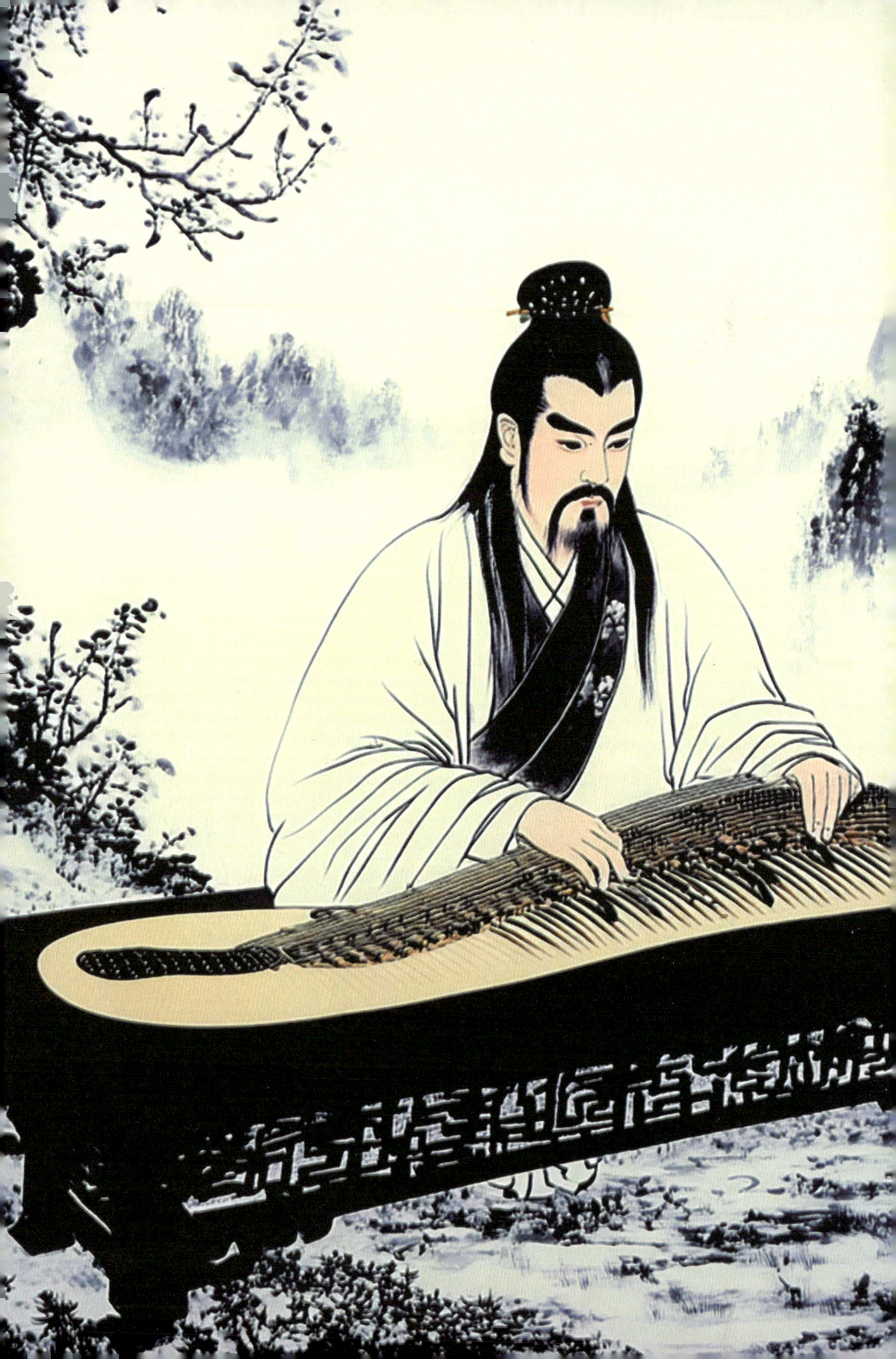

辞赋巨匠，琴韵风流
——司马相如

他是西汉时期著名的辞赋家，
他与卓文君的爱情故事千古流传，
他擅长琴瑟，被誉为『琴韵风流』。

凤鸣朝阳

司马相如（约公元前179年—公元前118年），字长卿，蜀郡成都（今四川成都）人。他是西汉时期杰出的文学家、音乐家，同时也是一位有着独特政治见解的士人。

司马相如的幼年与少年时期是在蜀地度过的。他家境虽贫寒，但父母却尽力为他提供了学习的机会。他自幼便对文学和音乐抱有浓厚的兴趣，常常借阅邻里的书籍，自学不辍。他对楚辞和先秦散文尤为钟爱，常常模仿其风格进行创作。

雅趣横生

凤求凰

司马相如不仅文章锦绣，更擅长抚琴弄弦，每一曲都似能勾动人心。而卓文君，是那座城中富商卓王孙的千金，自幼生活在金银堆砌的府邸，却对诗书音律怀有无比的热爱。

一日，卓府张灯结彩，宴请四方名流。司马相如，这位名不见经传的书生，也因才情被邀至宴中。酒过三巡，轮到他献艺。他轻轻起身，手抚古琴，一曲《凤求凰》如泉水般流淌而出。那琴声，时而高亢如凤舞九天，时而低回似凰鸣山涧，引得众人纷纷注目。

卓文君，这位藏在珠帘后的女子，被这琴声深深牵引，心中如被春风拂过，荡起层层涟漪。

宴会散后，卓文君难以平复心中的波澜，她偷偷打听那位抚琴的书生，得知他便是司马相如。而司马相如，也对那位才情兼备、敢于窥视他的女子心生爱慕。

然而，卓王孙怎会允许女儿与一介贫寒书生交往？他百般阻挠，试图斩断这段情缘。

但爱情的力量是无穷的。卓文君，平日里的温婉女子，趁着月黑风高，悄悄与司马相如相会，并决定同司马相如私奔。

他们逃离了繁华的府邸，开始了颠沛流离的生活。他们面对过饥饿的威胁，承受过世人的冷眼与嘲笑，但这些都未能动摇他们彼此间的深情与信念。司马相如以笔为剑，斩开生活的荆棘；卓文君则以她的智慧与坚忍，为他撑起一片天空。

名琴绿绮

梁王对司马相如的才华早有耳闻。为了表达自己对司马相如的仰慕之情，梁王特意邀请司马相如为自己作赋。司马相如欣然应允，写下了一篇辞藻瑰丽的《如玉赋》。梁王读后大为赞赏，深感司马相如之才非同一般。为了回馈司马相如的厚礼，梁王决定将自己珍藏的"绿绮"琴赠予他。

"绿绮"琴，乃是一张传世名琴，其琴身内刻有"桐梓合精"的铭文，寓意着它是由桐木和梓木这两种最优质的木材精制而成。相如得到"绿绮"

中国古代才子

后，如获至宝，他深知这张琴的非凡，不仅在于其材质的珍贵，更在于其音色的绝妙。

司马相如的琴艺本就精湛无比，如今得"绿绮"相助，更是如鱼得水。他的琴声，通过"绿绮"的传递，变得更加悠扬动听，仿佛能够穿透云霄，直抵人心。一时间，"绿绮"琴名噪一时，成为人们口中的佳话。

而"绿绮"琴与司马相如的缘分，并不仅仅止步于此。它还成了司马相如与卓文君之间爱情故事的见证。

相传，司马相如曾以"绿绮"琴挑动文君的心弦，用琴声诉说着自己的爱慕之情。卓文君听后，深感司马相如之才情与琴艺的非凡，毅然决定与司马相如私奔，共同追求属于他们的幸福。而这把琴也成了追求自由与幸福的勇气的象征。

司马相如画像

成语"红拂绿绮"中的"绿绮"，便是指司马相如以绿绮琴挑动卓文君心弦的典故。

这个成语，如今被用来形容那些能够于流俗中识得名士、敢于追求自己幸福的古代奇女子。

而司马相如与卓文君的爱情故事，以及"绿绮"琴的传奇色彩，也将被后人铭记在心。

司马相如

经纶满腹

司马相如的《子虚赋》与《上林赋》被并誉为辞赋中的双璧，在中国文学史上占据显著位置。

这两部作品以华丽的辞藻、宏大的气势及丰富的想象力，生动再现了西汉帝国的辉煌盛世。

在《子虚赋》中，司马相如通过子虚先生与乌有先生的对话，虚构了一场盛大的聚会，夸耀帝国的壮丽山河与丰富物产。其笔触如魔法，引领读者进入一个奇幻而华丽的世界，修辞新颖有趣，既引人发笑，又令人震撼于其磅礴的气势。

而《上林赋》则作为《子虚赋》的延续，进一步描绘了上林苑的绝美风光与奇珍异兽。

辞藻依旧华丽，气势依然恢宏，使读者仿佛置身于那个奇幻与浪漫并存的世界。这两篇赋文充分展示了司马相如卓越的文学才华。

除了辞赋，司马相如在音乐方面也有着显著成就。他的作品旋律优美，情感丰富，能深深触动听众的心弦。他曾为汉武帝演奏琴瑟，并获得了高度评价。

司马相如的作品不仅在当时广受赞誉，而且对后世的文学创作与音乐艺术也产生了深远影响。他的辞赋被后世文人广泛传诵与学习，成为中国古代文学的经典之作。

中国古代才子

识才尊贤

长卿赋不似从人间来,其神化所至邪!

——扬雄《法言·吾子》

【译】司马相如的辞赋好像不是从人间写出来的,难道是神化所至吗?

司马相如塑像

相如虽多虚辞滥说,然其要归引之节俭,此与《诗》之风谏何异?

——班固《汉书·司马相如传赞》

【译】司马相如虽然多用虚辞滥说,但他的主旨是引导人们节俭,这与《诗经》的风谏有什么不同呢?

自扬、马、张、蔡,崇盛丽辞,如宋画吴冶,刻形镂法,丽句与深采并流,偶意共逸韵俱发。

——刘勰《文心雕龙·丽辞》

【译】自从扬雄、司马相如、张衡、蔡邕等人以来,他们崇尚华丽的辞藻,就像宋国的绘画和吴国的冶炼一样,刻画形象、雕琢法度,华丽的句子与深刻的意蕴并流,对偶的意趣与超逸的韵致一同迸发。

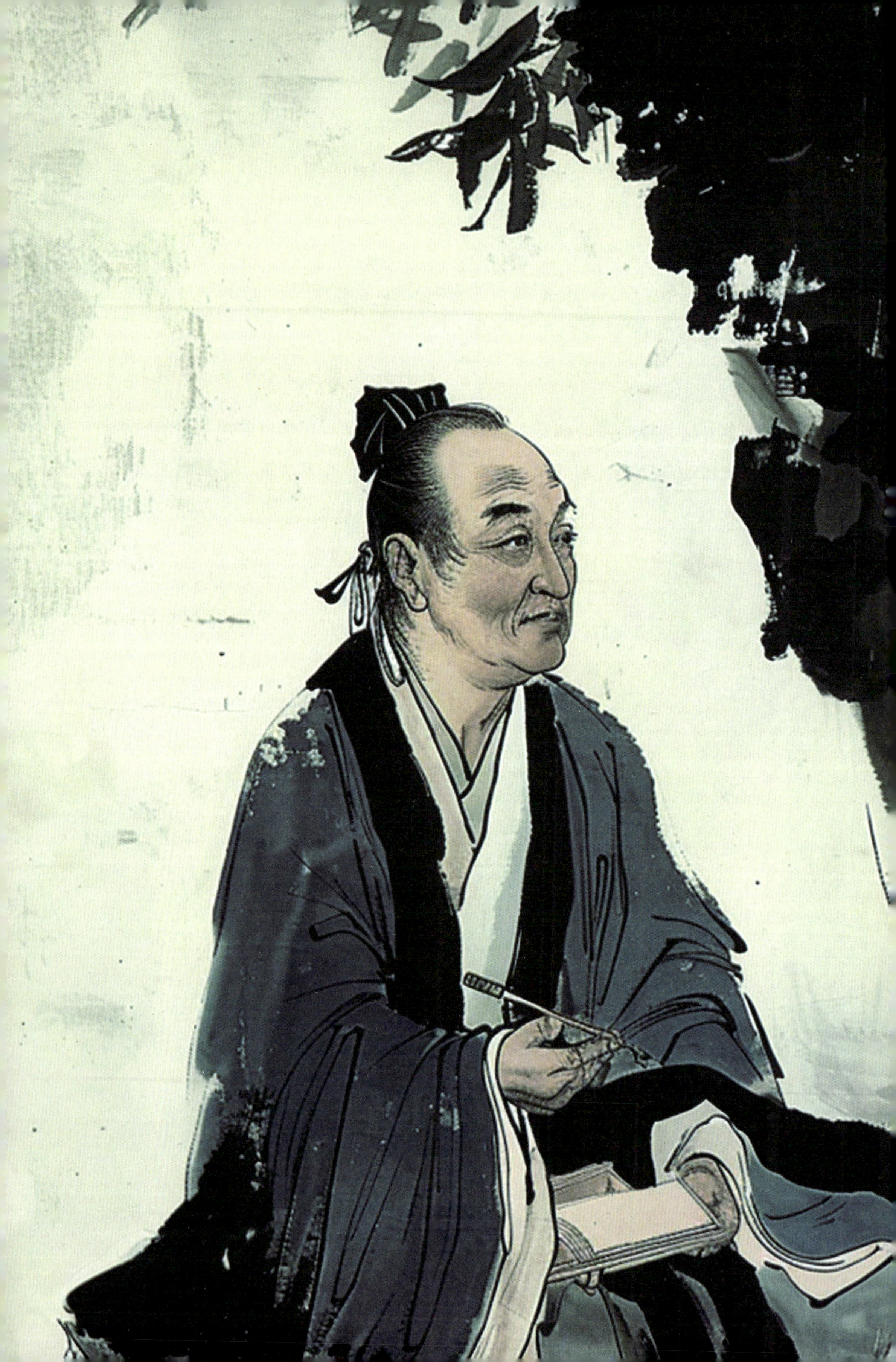

史笔如炬，文心铸史

——司马迁

他出身于史学世家

他是中国历史上第一位开创了纪传体通史的史学家

他在遭受宫刑后，仍坚持完成《史记》，展现了坚忍不拔的意志

凤鸣朝阳

司马迁（公元前145年—公元前90年），字子长，出生于夏阳（今陕西韩城）一个史官世家。他的父亲司马谈曾任太史令，掌管天文历法及皇家图籍，这让他从小就接触到了史学的熏陶。

自幼年起，他便在父亲的悉心指导下，开始学习史书编纂。青年时期，司马迁并没有满足于家庭提供的学术资源，而是选择游历四方，实地考察风土人情，收集民间传说与历史遗迹的资料。在担任太史令期间，司马迁更是利用职务之便，广泛阅读国家藏书，深入研究古今历史。

雅趣横生

少年神童

在司马迁年幼时，就展现出了对知识的浓厚兴趣。每当父亲读书写字时，他总是静静地坐在一旁，聚精会神地聆听和学习。随着时间的推移，司马迁对父亲能够讲述那么多故事感到好奇，并渴望自己也能拥有这样的知识。于是，他开始跟随父亲学习认字，并逐渐展现出惊人的天赋。

司马迁

有一次，父亲在忙碌之余抽空教他读书。当父亲翻到某一页，准备详细讲解时，司马迁竟然脱口而出，一字不差地背诵出了那页书的内容。这一幕让父亲感到既惊讶又欣慰。他意识到，司马迁不仅勤奋好学，而且对文字的敏感度和记忆力超乎寻常，是个天赋异禀的孩子。

从此，父亲对司马迁寄予了更高的期望，开始更加严格地指导他学习，不仅教他更多的文字和知识，还引导他深入思考历史和社会问题。他希望司马迁能够在学术上有所成就，将来成为一位伟大的学者。而司马迁也没有辜负父亲的期望，他更加努力地学习，不断拓宽自己的知识面，为日后编写《史记》打下了坚实的基础。

游历缅屈

为了具体了解国家各地的文化和历史，司马迁去往各地游历。游历的过程中，司马迁不仅目睹了祖国山河的壮丽景色，还深入实地探访了众多的历史遗迹。他每到一处历史遗迹，都会仔细考察，搜集相关的民间传说和历史故事，以期更深入地了解历史事件的背景和历史人物的生平。

一天，司马迁来到了湖南的汨罗江畔。这里是历史上著名的爱国诗人屈原自沉的地方。江水滔滔，似乎在诉说着那段悲壮的历史。司马迁驻足江边，凝视着滚滚流淌的江水，周围环境的一切自然而然地引发了他对屈原深深的敬仰和怀念之情。

为了更全面地了解屈原的生平事迹与思想精神，司马迁走访了当地的村民。他仔细询问并记录了他们口耳相传的关于屈原的传说和故事，这些故事生动而真实，让司马迁仿佛亲眼目睹了屈原的一生。此外，他还特地前往了屈原投江的具体地点凭吊，亲身感受那片曾经见证悲壮历史的水域。他站在江边，默默地哀悼着这位伟大的爱国诗人，心中充满了感慨和敬意。

这次汨罗江之行，对司马迁来说具有非凡的意义。它不仅使司马迁对屈原的人格魅力和文学成就有了更加深入而全面的认识，更激发了他对历史的热爱和追求。这段经历成为他日后编写《史记》时的重要素材来源，尤其是在撰写《屈原列传》部分时，他运用了这次游历所搜集到的珍贵且生动的第一手资料，使得这篇列传更加生动，成为《史记》中的一篇佳作。

受辱著史

司马迁因替投降匈奴的李陵辩护，不幸触怒了汉武帝，遭受了宫刑这一残酷的刑罚。这一惩罚不仅对他的身体造成了极大的伤害，让他的身体饱受折磨，也让他的精神承受了前所未有的重创。在狱中，司马迁度日如年，每一天都充满了痛苦和煎熬。然而，在这生死攸关的时刻，司马迁并未选择放弃自己毕生的理想和事业。相反，他更加坚定了要完成《史记》这部历史巨著的决心，希望通过这部著作，能够为自己和后世留下一些有价值的东西。

在狱中，司马迁面临着种种难以想象的困难和挑战。他的身体因刑罚而残破不堪，经常疼痛难忍，精神也长期处于紧张和压抑的状态。然而，他凭借着顽强的毅力和深厚的学识，克服了重重困难，继续坚持写作《史记》。他利用一切可以利用的时间和资源，搜集史料、整理笔记、构思篇章。由于狱中条件有限，他只能依靠记忆和之前所做的笔记来进行写作。他时常回忆起自己游历四方时所见的古迹和听到的

司马迁画像

传说，将它们融入《史记》的篇章之中。

在撰写过程中，司马迁遇到了许多难题。有时，他会因为记忆中的史料不准确而陷入困惑；有时，他会因为无法找到合适的词语来表达自己的意思而苦恼。但他从未放弃过，总是想方设法克服困难，不断推动自己的写作进程。

经纶满腹

《史记》作为中国古代史学的巅峰之作，其百科全书式的丰富内容与深邃的历史洞察，无疑为后世树立了一座难以逾越的丰碑。全书共一百三十篇，结构宏大，布局严谨，分为十二本纪、三十世家、七十列传、十表、八书，这一体例本身便是司马迁卓越史学才能的体现。它不仅时间跨度广大，从上古传说中的黄帝时代一直到汉武帝太初四年，共计三千多年的历史，而且内容包罗万象，既有政治、军事的重大事件，也有经济、文化的发展脉络，更有社会风俗、民族关系的细腻描绘。

在《史记》中，司马迁不仅仅是一位冷峻的历史记录者，更是一位深具人文关怀的文学家。他笔下的人物，无论帝王将相还是布衣百姓，都栩栩如生、个性鲜明。通过对人物性格的深刻揭示与时代背景的细致描绘，司马迁成功地将历史人物的喜怒哀乐、悲欢离合展现得淋漓尽致。例如，在《项羽本纪》中，司马迁通过对项羽英勇善战、豪情壮志却又刚愎自用的性格描写，使读者仿佛身临其境，感受到了那位西楚霸王的悲壮人生。

司马迁在《史记》中开创的纪传体体例，对后世史学影响深远，它打破了以往史书以编年体或国别体为主的传统，转而以人物为中心，通过人物的生平事迹来串联历史，使得历史更加生动、具体。这种体例的创新，不仅提高了历史的可读性,也使得历史人物的形象更加饱满,为后世历史写作提供了新的范式。

《史记》的文学成就不容小觑。鲁迅称其为"史家之绝唱,无韵之《离骚》",既是对其史学价值的肯定,也是对其文学才华的高度赞誉。司马迁的文笔简练而富有力度,叙事条理清晰,语言生动传神,无论是宏大的历史场景还是细腻的人物心理,都能在他的笔下得到恰到好处地表现。这种语言艺术,使得《史记》在史学之外,也具备了极高的文学审美价值。

司马迁及其《史记》在中国乃至世界文化史上都占据着举足轻重的地位。他的史学才能、文学造诣以及深刻的思想洞察力,共同铸就了这部不朽的史学巨著。通过《史记》,我们不仅能够了解古代中国的历史变迁,更能感受到司马迁作为一位伟大史学家和文学家的独特魅力与深远影响。

识才尊贤

然自刘向、扬雄博极群书,皆称迁有良史之材,服其善序事理,辩而不华,质而不俚,其文直,其事核,不虚美,不隐恶,故谓之实录。

——班固《汉书·司马迁传》

【译】自刘向、扬雄博览群书以来,都称赞司马迁有编写良史的才能,佩服他善于叙述事理,论证而不华丽,质朴而不俚俗,他的文章直白,记载的事实确凿,不凭空赞美,不隐瞒恶行,所以称之为实录。

《春秋》谨严,《左氏》浮夸;《易》奇而法,《诗》正而葩;下逮

司马迁

《庄》《骚》，太史所录；子云、相如，同工异曲。

——韩愈《进学解》

【译】《春秋》严谨，《左传》浮夸；《易经》奇妙而有法则，《诗经》纯正而美丽；下至《庄子》《离骚》，都是太史公所记录的；扬雄、司马相如，虽然创作风格不同，但都是文学上的大家。

"武帝时文人，赋莫若司马相如，文莫若司马迁。"司马迁写文章"不拘于史法，不囿于字句，发于情，肆于心而为文"，因而《史记》不失为"史家之绝唱，无韵之《离骚》"。

——鲁迅《汉文学史纲要》

【译】在汉武帝时期，文人中写赋没有能超过司马相如的，写文章则没有能超过司马迁的。司马迁写文章"不受史法的拘束，不局限于字句，发于情感，随心所欲地写成文章"，因此《史记》被誉为"史家之绝唱，无韵之《离骚》"。

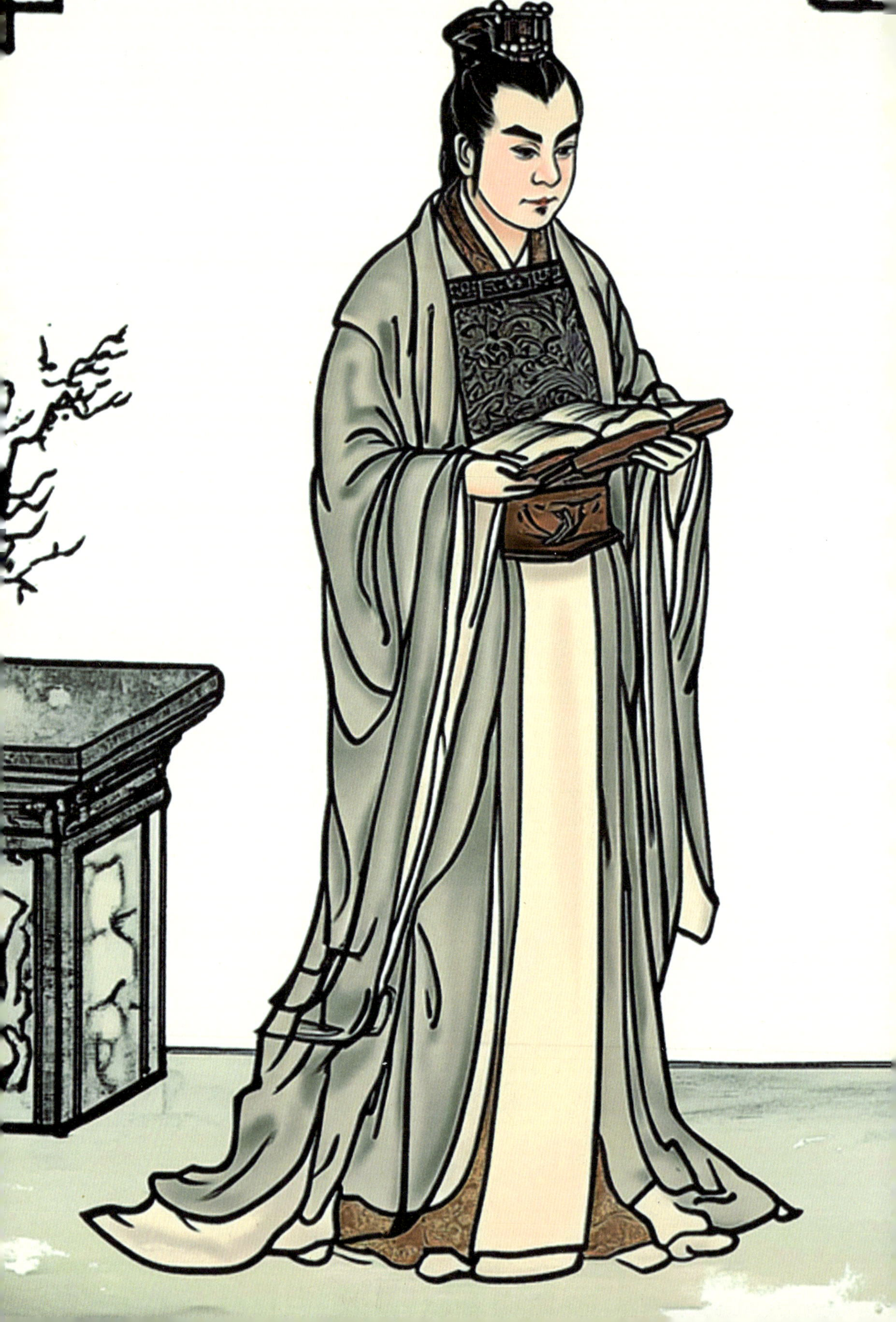

才高八斗，文思泉涌——曹植

他是建安文学的代表人物之一，与父曹操、兄曹丕并称『三曹』。他在诗歌、辞赋、散文等领域均有卓越成就，尤其是《洛神赋》流传千古。他的文学才华得到了历代文学评论家的高度评价。

中国古代才子

凤鸣朝阳

曹植（公元192年—公元232年），字子建，沛国谯县（今安徽省亳州市）人，出身于显赫的曹魏王室，是曹操与卞夫人的第三个儿子，曹丕的同母弟弟。早年，他因才华出众而深受父亲曹操的喜爱，一度被视为继承人的有力候选人，其文学和政治前途均被寄予厚望。然而随着曹丕的继位，曹植屡遭贬谪，最终郁郁不得志，于年轻时病逝。

自幼年起，曹植便展现出过人的文学天赋，这得益于其家庭深厚的文化底蕴和父亲的悉心栽培。曹操，作为一位杰出的文学家和政治家，对曹植的成长产生了深远的影响。他不仅亲自指导曹植学习儒家经典，还鼓励其广泛涉猎诸子百家，培养了对文学的浓厚兴趣。

少年时期的曹植已经开始尝试文学创作，他的早期作品多为模拟之作，但已显示出非凡的才华和独特的文学天赋。

随着年龄的增长和阅历的丰富，曹植的创作逐渐形成了自己独特的风格。建安年间，他的文学才华得到了充分的展现。他的诗歌以抒情为主，感情真挚，语言优美，是中国古代抒情诗的杰出代表；他的辞赋则以其华丽的辞藻和深刻的内涵而著称。如《洛神赋》就是其中的佼佼者，展现了他对美的追求；他的散文则以其流畅的笔触和深刻的思考而广受关注，并且在当时赢得了广泛的赞誉。

曹　植

雅趣横生

七步成诗

曹植流传最广的故事就是七步成诗了。但是这个内容并不记载在陈寿的《三国志》，而是见于南朝刘义庆的《世说新语》。

魏文帝曹丕因妒忌曹植的才学，决定给他一个严峻的考验：命曹植在七步之内作出一首诗，若不能完成，则将面临被处死的命运。而且，曹丕对这首诗的内容有着严格的要求：诗的主题必须围绕兄弟之情，但全诗之中又不可直接包含"兄弟"二字。

面对如此紧迫且苛刻的条件，曹植展现出了惊人的文学才华和应变能力。在不到七步的时间内，他吟出了这样一首诗："煮豆持作羹，漉菽以为汁。萁在釜下燃，豆在釜中泣。本自同根生，相煎何太急？"这首诗以煮豆为喻，形象地描绘了豆萁（即豆的茎秆）在锅下燃烧，而豆子在锅中哭泣的情景，以此来隐喻同根而生的兄弟之间为何要相互煎迫，表达了曹植对曹丕迫害行为的深深不满和沉郁的愤激之情。

凭借着非凡的才华，曹植成功地化解了曹丕的杀机，为自己赢得了生机。这一事件不仅成为文学史上的佳话，也进一步凸显了曹植在中国古代文学史上的重要地位。

洛神入梦

曹植的《洛神赋》在中国古代文学中占据着瑰宝的地位,其创作背景流传着一段富有传奇色彩的故事。

当时有很多人认为,曹植借用了"宓牺氏之女,溺死洛水为神"的古老传说作为灵感来源,创作了《感鄄赋》(后世学者多认为"鄄"实为"甄"之误,从而引发了对曹植与魏文帝曹丕之妻甄氏之间可能存在叔嫂恋事的猜测,然而这一观点并非定论,学术界对此仍存在争议)。

除了这一解读,另一种更为流行的观点认为,《洛神赋》实际上是曹植借洛神之美,寄托自己对君主的深切思慕,以及因衷情无法相通而产生的苦闷情感。在这篇赋文中,曹植运用了高超的文学手法,细腻且生动地描绘了洛神的绝美姿态。

他笔下的洛神,"翩若惊鸿,宛若游龙,荣曜秋菊,华茂春松",宛如一幅流动的画卷,每一个细节都充满了生命的活力和灵动的美感。曹植通过"若芙蓉出水"的洛神形象,不仅展现了自然之美,更以此表达自己内心对美好理想的执着追求与深切向往。洛神的美丽与高贵,成为曹植心中理想的化身,寄托着他对君主及美好政治愿景的深切期盼。同时,赋文中流露出的无奈与哀叹,也反映了曹植在现实政治环境中的苦闷与挣扎。

同时,《洛神赋》也不乏对现实的深刻反思和无奈哀叹。曹植在赋文中流露出对现实政治环境的无奈和对个人命运的哀叹,展现了他复杂而深刻的内心世界。这篇赋文不仅是一篇文学作品,更是曹植个人情感和思想的真实写照,具有极高的历史和文化价值。

曹植

创制梵呗

曹植不仅在文学领域取得了卓越的成就，他与佛教文化之间也存在着深厚的联系。据梁代《高僧传》等古籍的记载，曹植对声律有着深厚的热爱，并且对佛教音乐抱有浓厚的兴趣。在游历鱼山（位于今山东省东阿县境内）时，他偶然间听闻了空中传来的天乐梵呗之声，那音乐美妙绝伦，意境深远，如同天籁之音，令他深受触动。曹植被这段神秘的音节所吸引，他用心倾听，仔细记录，并结合自己对佛经的理解，创作出了独特的梵呗音乐。

这一创举不仅展现了曹植在音乐方面的才华，也为中国古代音乐文化注入了新的活力。他的梵呗音乐将佛教的庄严与音乐的韵律完美结合，形成了独特的艺术风格。这一创新不仅丰富了中国的音乐宝库，也为佛教在中国的传播和发展提供了有力的支持。

曹植所创制的梵呗音乐，凭借其独特的艺术魅力和深远的文化影响，被后世的人们广为传播。他的音乐不仅在当时备受赞誉，也对后来的佛教音乐创作产生了深远的影响。曹植的这一贡献，不仅彰显了他个人的卓越才华，也为中国古代文化的繁荣与发展做出了重要的贡献。

经纶满腹

曹植的文学作品丰富多样，涵盖了诗歌、辞赋、散文等多种文体，每一种都展现了他独特的艺术才华和深厚的文学造诣。他的诗歌以抒情为主，感

曹植画像

情真挚，语言优美，字里行间流露出深沉的情感和对人生的独特感悟。例如，他的《赠白马王彪》一诗，通过细腻的笔触描绘了与友人离别的场景，情感真挚且动人，是中国古代抒情诗的杰出代表。在这首诗中，曹植运用丰富的意象和生动的描写，将离别的哀愁和对未来的憧憬巧妙地交织在一起，展现了他卓越的诗歌才华和深刻的情感表达能力。

此外，曹植的散文也以其流畅的笔触和深刻的思考而广受赞誉。他的散文作品多涉及人生哲理和社会现实，通过深入浅出的剖析和独特的思考角度，展现了他对人生的深刻理解和对社会现实的敏锐洞察。

曹植是一位具有卓越才华和深厚文学造诣的文学家。他的作品丰富多样，每一种文体都展现了他独特的艺术风格和深刻的思考。他的作品不仅在当时产生了广泛的影响，也为后世的文学创作提供了宝贵的借鉴和启示。在学术上，他的作品也具有重要的研究价值，为我们更深入地了解这一时期的文学发展和文化变迁提供了重要的资料。

曹植

识才尊贤

君侯高世之才，秉青萍干将之器，拂钟无声，应机立断，此乃天然异禀，非钻仰者所庶几也。音义既远，清辞妙句，焱绝焕炳，譬犹飞兔流星，超山越海，龙骥所不敢追，况于驽马可得齐足！

——陈琳《答东阿王笺》

【译】君侯拥有超越世人的才华，掌握着如青萍、干将般锐利的利器，行动时悄无声息，却能在关键时刻迅速做出决断，这是天生的卓越禀赋，不是那些仅仅通过钻研和仰望所能企及的。您的音律和义理既深邃又高远，清新的词句，灿烂辉煌，就像飞奔的兔子和流星，超越山川，跨越大海，连龙骥这样的骏马都不敢追赶，更何况是普通的驽马，怎能与您并驾齐驱呢？

魏武以相王之尊，雅爱诗章；文帝以副君之重，妙善辞赋；陈思以公子之豪，下笔琳琅；并体貌英逸，故俊才云蒸。

——刘勰《文心雕龙》

【译】魏武帝曹操以王者的尊贵身份，却雅爱诗篇；文帝曹丕以储君的重要地位，擅长辞赋；陈思王曹植以公子的豪迈气概，下笔即成琳琅美玉。他们都体貌英俊飘逸，因此才华横溢的人才像云雾一样聚集在他们身边。

天下才有一石，曹子建独占八斗，我得一斗，天下共分一斗。

——李延寿《南史·谢灵运传》

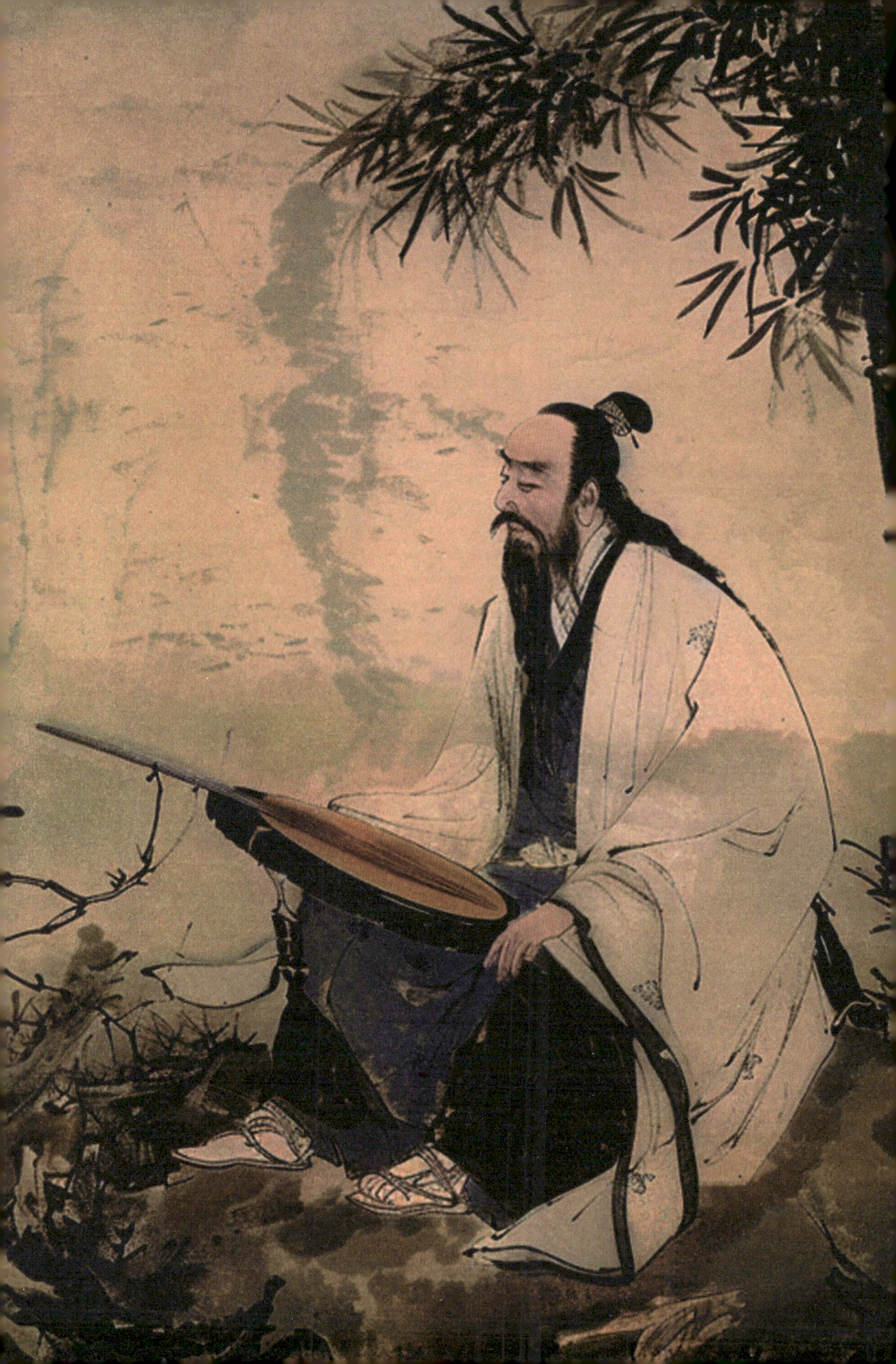

龙章凤姿，
琴心剑魄
——嵇康

他是「竹林七贤」之一
他是中国古代著名的音乐家与文学家
他在哲学上倡导「越名教而任自然」，影响深远

中国古代才子

凤鸣朝阳

嵇康（公元224年—公元263年），字叔夜，谯国铚县（今安徽省濉溪县）人，是三国至西晋时期的名士、音乐家、文学家。他出生于一个儒学世家，父亲嵇昭曾任治书侍御史，兄嵇喜官至荆州刺史，妻子为长乐亭主（曹魏宗室女）。自幼聪颖好学，博览群书，不仅精通文学，还擅长音律，更在哲学上有所涉猎。

少年时期，嵇康开始接触琴艺，其天赋异禀，很快便能演奏出动人的乐曲，尤其擅长弹奏《广陵散》。这段时期，他还与阮籍、山涛等人结为好友，共同游历于山水之间，探讨人生哲理，逐渐形成了"竹林七贤"这一文化群体。

雅趣横生

漠视权贵

钟会作为钟繇之子，年少时便已得志。十九岁踏入仕途，担任秘书郎一职，仅仅三年之后，便因才能出众晋升为尚书郎。至二十九岁，他更是被晋

38

嵇 康

封为关内侯。

钟会声名显赫，少不了有人上府上拜见，但是却有一位并不为之所动，那便是嵇康。嵇康，年长钟会两岁，但是更早于钟会闻名于世，加上当时的文坛，在建安之后，没有太多的优秀的人出现，嵇康才华卓著，所以钟会对嵇康格外敬佩有加，但嵇康却拒绝与其交往。

据《世说新语》记载，钟会曾精心撰写《四本论》，完成后渴望得到嵇康的指点。然而，他担心嵇康看不上自己的作品，情急之下，竟将书稿从门外远远掷入，随即匆匆离开。这一举动，既显露出钟会的不安与不自信，也反映出他对嵇康的敬畏之心。

后来，钟会再次造访嵇康，此时的他已更加显赫。然而，嵇康依然不为所动，继续在家门口的大树下专注地锻铁，旁若无人。钟会见状，觉得无趣，只好悻悻地离开。就在这时，嵇康终于开口，他淡淡地问道："你因何所闻而来，又因何所见而去？"钟会回答："我因所闻而来，见所见而去。"这次对话，虽然简短，却透露出两人之间的微妙关系，钟会也因此事开始对嵇康记恨在心，给日后陷害嵇康埋下了祸根。

旷达狂放

嵇康的风格，区别于建安时候流传下来的魏晋风骨，可以说是在当时独树一帜的文人，旷达狂放、自由懒散。他生活中的不羁，体现在那些看似微不足道的细节上，头面常月余不洗，非至极闷痒，绝不轻动沐浴之念，这份洒脱，实属罕见。幼年丧父的阴影，或许是他放纵自我、情意傲散的根源，但这份放纵，在成年接受老庄思想洗礼后，更添一份超然物外的韵味，使他对仕途的荣耀与进步之心，日渐淡泊。

嵇康对那些拘泥于礼法的士人，总是轻蔑一笑，不为所动，这也让他与同样拥有不羁之才的向秀、吕安结下了深厚的友谊。向秀曾深情回忆，他们三人虽性格各异，却都怀揣着对自由的无限向往。嵇康，志在高远，疏远尘世；吕安，心胸开阔，放纵不羁。三人同行，留下了无数佳话。

然而，嵇康的狂放不羁，最终也为他招来了灾祸。当权者钟会，因忌妒或恐惧，编织罪名，将嵇康推向了死亡的深渊。其中，"言论放荡，非毁典谟"的罪名尤为刺眼，但在世人看来，这确是对嵇康言论的谴责，是对他一生追求自由、蔑视权贵的最好注解。

托孤山涛

嵇康被陷害之后，如何安置自己年幼的孩子，成了棘手的问题。他没有选择将孩子交给自己的兄长嵇喜，也没有托付给他一直敬重的阮籍或是挚友向秀，而是寄托在了山涛的身上。他对儿子嵇绍说："巨源（山涛的字）在，你不会成为孤儿了。"这句话，不仅是对山涛的信任，也是对未来的期许。但是在这之前，虽然嵇康跟山涛都是竹林七贤，但是他们却因为一些嫌隙绝交了，嵇康甚至写下了《与山巨源绝交书》来表明态度。

嵇康离世后，山涛没有辜负这份重托，他悉心抚养嵇绍，将其培养成才。与此同时，王戎也与山涛一同，对嵇绍给予了特别的照顾。他们用自己的行动，践行了朋友间应尽的道义与责任，让嵇绍这个孤弱的孩子，在失去父亲后，依然能感受到慈父般的关怀与教导，不再无依无靠。这便是"嵇绍不孤"这一成语的由来。

时光荏苒，十八年后，嵇绍在山涛的大力举荐下，得到了晋武帝的青睐，被"发诏征之"，踏上了仕途。此外，值得一提的是，嵇绍在仕途中，还因一次护驾事件而留下了"嵇侍中血"的典故。在一次危机中，他奋不顾身地保护晋惠帝，血染衣襟，用生命保护了晋惠帝安全。这一事件，不仅彰显了嵇绍的个人品质，也让人们更加铭记了嵇康与山涛之间的深厚友谊，以及他们共同为嵇绍的成长所付出的努力。

经纶满腹

嵇康是魏晋时期的优秀文人，他的文学作品，如《养生论》与《声无哀乐论》，不仅逻辑严密、论述深刻，而且语言优美，充满了哲理。在《养生论》中，嵇康以道家自然观为指导，批判了过度追求名利对身心的危害，提倡顺应自然、淡泊名利的生活态度，这也是他所提倡，超然物外的哲学思想。而在《声无哀乐论》中，他更是对音乐本质进行了深入探讨，认为音乐本身并无哀乐之情，人的情感反应源于内心而非音乐，这一观点挑战了当时的传统观念，毫无疑问是先进的思想体现。

在诗歌创作上，嵇康的作品风格清峻脱俗，意境深远，《赠秀才入军》便是对自然景色的细腻描绘，与对友人的深情厚谊的寄托。他的诗歌不仅继承了"建安风骨"的慷慨激昂，又融入了个人独特的超逸气质，形成了独特的艺术特点。同时，嵇康在音乐上的成就也颇为显著，他擅长琴艺，尤其以《广陵散》最为著名。虽然已经失传，但是根据史料记载，

嵇康画像

此曲旋律激昂，节奏明快，这些都可以体现出嵇康在音乐上的高超技艺，他的演奏不仅注重技巧的表现，更强调情感的传达，使得他的作品充满了生命力与感染力。

此外，嵇康的哲学思想也极具影响力。他主张"越名教而任自然"，认为人应该摆脱世俗礼教的束缚，追求内心的自由与真实。这一思想在当时社会引起了强烈的反响，不仅是对个体价值的肯定，也是对社会伦理道德的重新审视。

嵇康是一位多才多艺的文人，他的文学、音乐与哲学成就共同构成了其独特而丰富的文化形象，他的才华与思想，更是为当时社会带来了新的风气。

识才尊贤

嵇康身长七尺八寸，风姿特秀。见者叹曰："萧萧肃肃，爽朗清举。"或云："肃肃如松下风，高而徐引。"山公曰："嵇叔夜之为人也，岩岩若孤松之独立；其醉也，傀俄若玉山之将崩。"

——刘义庆《世说新语》

【译】嵇康身高七尺八寸，风度翩翩，见到他的人都赞叹说："他举止潇洒，气质清朗。"又有人说："他就像松树间吹过的清风，高远而舒缓。"山涛则评价说："嵇叔夜的为人，就像山崖上孤松一样傲然独立；他喝醉酒的时候，就像玉山将要崩塌一样。"

康早孤，有奇才，远迈不群。身长七尺八寸，美词气，有风仪，而土木

嵇　康

形骸，不自藻饰，人以为龙章凤姿，天质自然。

——房玄龄等《晋书·嵇康传》

【译】嵇康早年丧父，却拥有非凡的才能，远超同辈，与众不同。他身高七尺八寸，言辞优美，风度翩翩，虽然外表朴素，不事修饰，但人们都认为他龙章凤姿，天赋异禀，自然流露。

康、阮一时之杰士也，而皆不免于祸。……康、阮之节，可谓至矣，未可谓无益于当时之风俗也。

——李贽《藏书·儒臣传·嵇康》

【译】嵇康、阮籍是当时的杰出人物，但都不幸遭遇灾祸。……嵇康、阮籍的气节，可以说是至高无上的，不能说他们对当时的社会风气没有益处。

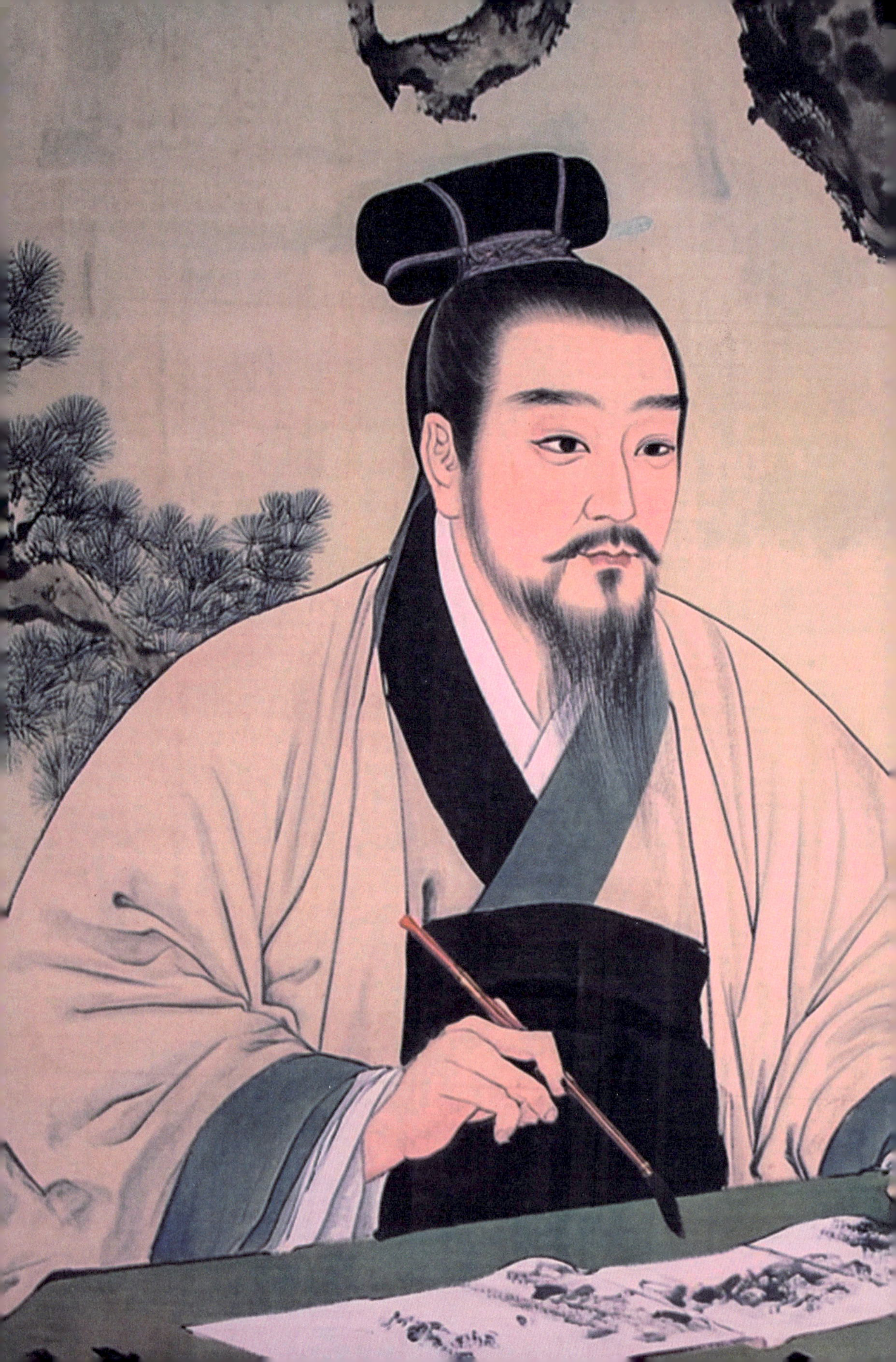

兰亭圣手,千古书圣

——王羲之

他的《兰亭序》被誉为『天下第一行书』,他是东晋时期著名的书法家,被誉为『书圣』。他不仅在楷书、行书上有极高成就,草书也独树一帜,推动了书法艺术的发展。

凤鸣朝阳

王羲之（公元303年—公元361年），字逸少，琅琊临沂（今属山东）人。他出身于一个显赫的士族家庭，父亲王旷是东晋初期的将领，堂伯父王导则是东晋政权的奠基人之一。王羲之自幼便展现出对书法的浓厚兴趣与天赋，加之家族的文化底蕴深厚，为他日后的书法成就奠定了坚实的基础。他历任秘书郎、宁远将军、江州刺史等职，虽仕途并不十分顺畅，但在书法上的造诣却使他名垂青史。王羲之的书法之路始于幼年，他七岁便开始学习书法，最初师从父亲王旷，后广泛学习前人碑帖，尤其钟爱东汉张芝的草书，常言"我书比钟繇，当抗行；比张芝草，犹当雁行也"，并且勤学苦练，将自然之美融入笔端，形成了自己独特的书法风格。少年时期，王羲之已开始在书法界崭露头角。

雅趣横生

东床快婿

当朝太傅郗鉴有个二八芳华的女儿，姿色出众，气质超群，尚未婚配。郗鉴对这个女儿宠爱有加，一直希望能为她觅得一位才貌兼备的佳偶。考虑

王羲之

到与丞相王导交情深厚，且同朝共事多年，他听说王导家中子侄众多，个个才情出众，相貌堂堂，心中便有了主意。

一日早朝结束后，郗鉴借与王导交谈之机，表达了自己想为女儿选婿的意愿。王导听后大笑，欣然同意，并邀请郗鉴亲自到家中挑选。无论郗鉴选中哪位，他都无异议，定会促成这段美事。

于是，郗鉴派遣心腹管家携带厚礼前往王丞相府。王府子弟得知郗太尉派

王羲之画像

人来选婿，纷纷精心装扮，前来相见，希望能被选中。然而，在清点人数时，王府管家发现少了一人。他心生疑惑，便领着郗府管家来到东跨院的书房。只见靠东墙的床上，一位青年坦然仰卧，手中拿着一卷书，正悠闲地阅读。对于太尉选婿之事，他显得毫不在意，仿佛此事与他无关。

郗府管家回到府中，向郗鉴详细汇报了所见所闻。他说王府的年轻公子有二十余人，都争相表现，打扮得整整齐齐来相见。唯独东床上有位公子，坦然躺着看书，若无其事，与众不同。

郗鉴听后心中暗想，那些争相表现的子弟虽然才貌双全，但显得过于浮躁，缺乏沉稳。而这位坦然仰卧的青年却显得豁达文雅，与众不同。这样的人才配得上自己的女儿。于是，他笑道："我要选的就是这样的人，快带我去看看。"

郗鉴来到王府，见到那位青年，只见他面容俊秀，神采飞扬，举止间透露出不凡的气质。这位青年就是后来的"书圣"王羲之。郗鉴对他十分满意，当场便下了聘礼，选定他为女婿。从此，"东床快婿"这一美誉便流传开来，成为人们称赞才貌双全、沉稳豁达的青年才俊的佳话。

入木三分

皇帝计划前往北郊，举行一场祭祀仪式，这不仅是国家的盛事，更是对天地神祇的崇高敬意。为了这场仪式，皇帝特意嘱咐王羲之，希望他能将祭祀的词书写在一块特制的木板上。这块木板非同寻常，选料讲究，质地坚硬，专为此次祭祀而备，以便后续交由最顶尖的工匠，雕刻成祭祀所用的器具。

王羲之欣然领命，他深知此任之重大，关乎国家祭祀。于是，他沐浴更衣，焚香静心，提笔挥毫，将祝词一气呵成。字迹流畅而富有力度，宛如龙腾凤舞，尽显其书法之精妙。每一笔、每一划都蕴含着他对天地神祇的敬畏和对国家社稷的祝愿。

随后，这块木板被送到了工匠手中，准备进行雕刻。工匠们见到王羲之的墨迹，无不肃然起敬，他们小心翼翼地开始工作，一层层地削薄木板，以便将字迹清晰地呈现出来。然而，随着削刻的深入，他们惊讶地发现，王羲之的书法墨迹竟然深深渗透进了木板之中！

即便削去了表面的几层，墨迹依然清晰可见，如同刻在木板上的烙印一般。工匠们面面相觑，惊叹不已。他们继续削刻，直至深入到木板三分之处，墨迹方才见底。这一幕让在场的所有工匠都为之震撼，他们纷纷议论起来，称赞王羲之的笔力之雄劲、书法技艺之炉火纯青。

消息迅速传开，朝野上下都为之轰动。人们纷纷传颂着王羲之的书法奇迹，"入木三分"这一成语也因此应运而生。它不仅用来形容书法笔力强劲、技艺高超，更被引申为形容对事物见解深刻、透彻明了。

王羲之

竹扇题字

王羲之在山阴城（今绍兴）的一座桥上悠然漫步时，偶遇了一位老婆婆。这位老婆婆拎着一篮子六角形的竹扇，正在集市上费力地叫卖。然而，这些竹扇制作简陋，没有任何装饰，显得格外朴素，因此并不吸引路人的目光，看起来很难卖出去。

王羲之见到这一幕，心生同情，便走上前对老婆婆说："你这竹扇上既没有画画也没有写字，难怪卖不出去。要不我给你题上字，怎么样？说不定能为你的竹扇增添一些顾客。"老婆婆并不认识王羲之，但见他如此热心，便感激地将竹扇递给了他。

王羲之接过竹扇，提起笔来，在每把扇面上都龙飞凤舞地写了五个字。他的字迹遒劲有力，宛如龙腾凤舞，为这些简陋的竹扇增添了几分艺术的气息。写完后，他便将竹扇还给了老婆婆，老婆婆很是高兴。

老婆婆虽然不识字，但看着扇面上的字迹觉得十分特别，心中涌起了一丝希望。她按照王羲之的吩咐，用充满自信的语气，告诉前来询问的买扇人："这是王右军写的字哦！你们看看！"

集上的人一听说是王右军的书法，都纷纷围拢过来，争相抢购。他们都被王羲之的书法所吸引，想要拥有一把带有他字迹的竹扇。有的人甚至出价高昂，只为能够得到这把独特的竹扇。

不一会儿，一筐竹扇就被抢购一空，老婆婆的脸上也露出了满意的笑容。她感激地对王羲之说道："真是太感谢你了，王先生！你的字让我的竹扇变得如此受欢迎！你真是个善良的人啊！"王羲之也微笑着回应道："不用谢，能够帮助到你我也很开心。你的竹扇也很特别，只是需要一点点缀而已。"说完，就转身离去。

经纶满腹

王羲之的成就多来自书法,他的书法作品丰富多样,其中《兰亭序》《黄庭经》《乐毅论》等尤为杰出,每一幅都深刻体现了他的艺术造诣与个性风采。《兰亭序》更是被誉为书法艺术的巅峰之作,是为"天下第一行书",其流畅自然的笔触,如同溪水潺潺,自然而不失力度;错落有致的布局,仿佛山川草木,各得其所,和谐共生。在这幅作品中,王羲之不仅展现了他深厚的书法功底与超凡的艺术创造力,更将他对自然、人生、友情的感悟融入其中,使得《兰亭序》成了一幅既有艺术价值,又有文化内涵的杰作。

除了书法,王羲之的散文同样具有艺术成就。以《兰亭序》为例,王羲之率性真挚的情感都展示而出。文中"向之所欣,俯仰之间,已为陈迹,犹不能不以之兴怀"一句,深刻表达了王羲之对人生无常的感慨。他通过细腻的笔触,描绘了兰亭集会的场景,使得读者仿佛身临其境,感受到了那份欢聚的喜悦与离别的哀愁。

同时,他也通过对自然景色的描绘,传达了自己对大自然的热爱与敬畏之情。在文章中,王羲之并没有直接抒发自己的情感,而是通过景物的描绘和情感的交融,让读者在品味文字的同时,也能感受到他内心的波动。这种寓情于景、情景交融的手法,既增强了文章的感染力,也展现了王羲之敏锐的观察力与深厚的文学功底。

王羲之的书法与散文,之所以能够达到如此高的艺术成就,离不开他深厚的文化底蕴与独特的艺术追求。他广泛学习前人碑帖,汲取各家之长,同时又注重观察自然,从山川草木、飞禽走兽中汲取灵感。在书法上,他变革

了古法，开创了新的艺术境界；在散文上，他则以其真挚的情感、细腻的笔触与深邃的思想，为中国文学史增添了耀眼的光彩。

识才尊贤

"子敬之不迨逸少，犹逸少之不迨元常。""王羲之书字势雄逸，如龙跳天门，虎卧凤阙，故历代宝之，永以为训。"

——萧衍《观钟繇书法十二意》

【译】王献之（字子敬）在书法上的成就未能超越其父王羲之（字逸少），正如王羲之的书法成就也未及前辈钟繇（字元常）。王羲之的书法笔力强劲且风格洒脱，宛如蛟龙腾空跃过天门，猛虎悠然卧于凤凰栖息的宫殿之上，因此他的书法作品历来备受珍视，被后世永远奉为学习的楷模。

羲之书云："顷寻诸名书，钟、张信为绝伦，其余不足存。"又云："吾书比之钟、张，当抗行，张草犹当雁行。"

——虞龢《论书表》

【译】王羲之在他的书法理论中阐述："近期我深入探究了多位书法大家的作品，发现钟繇与张芝的书法造诣确实卓越非凡，而其他人的则显得逊色，不值得被长久保存。"他进一步补充道："若将我的书法与钟繇、张芝相比较，我认为可以相提并论；而对于张芝的草书，我自信我的作品也能与之相媲美。"

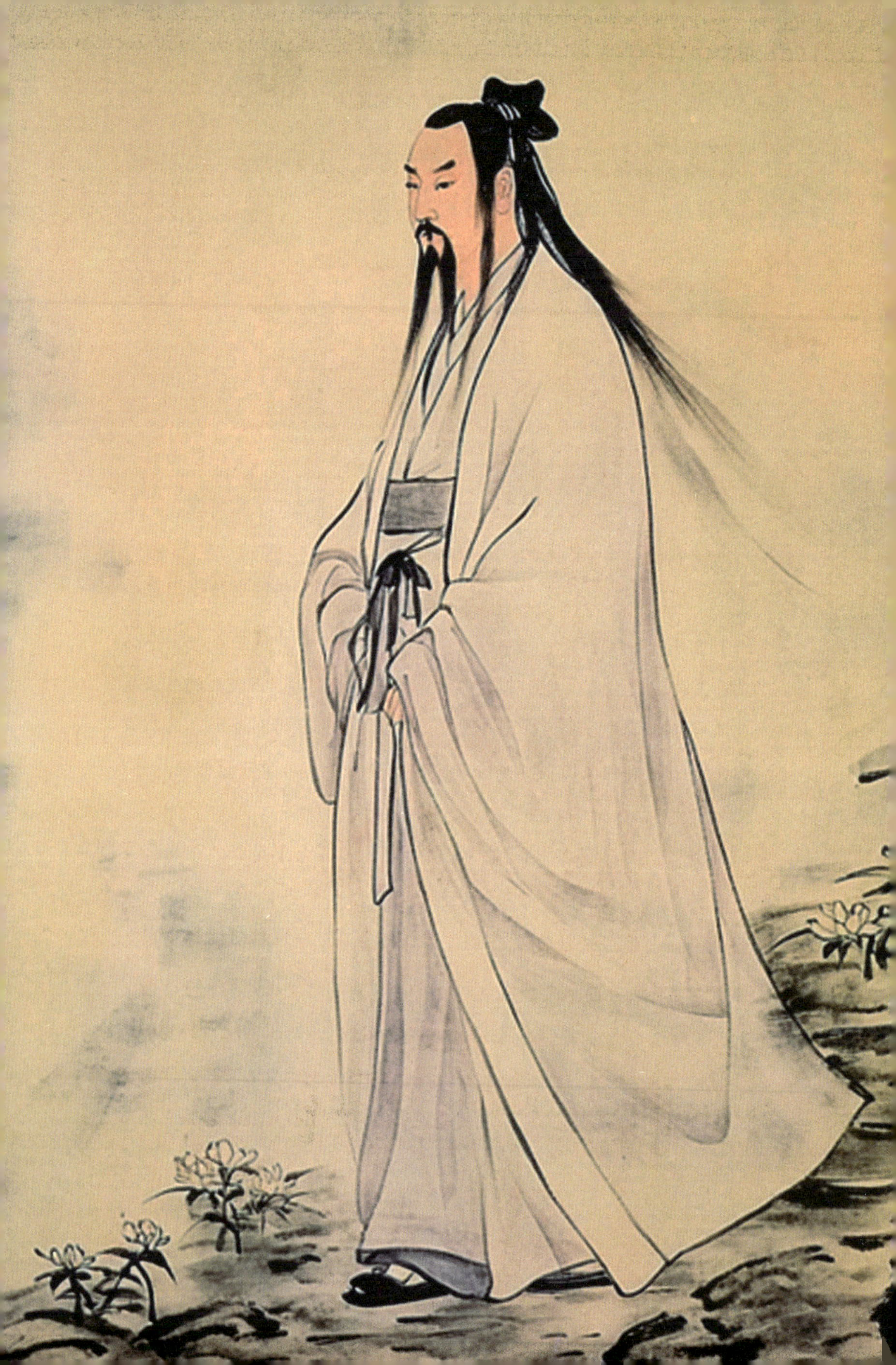

菊隐田园，
诗心自远

——陶渊明

他是中国田园诗的鼻祖，开创了诗歌的新境界

他以「不为五斗米折腰」的高洁情操闻名于世

他是隐逸诗人的代表，被誉为隐逸诗人之宗

凤鸣朝阳

陶渊明（公元365年—公元427年），字元亮，又名潜，私谥"靖节"。他籍贯浔阳柴桑（今江西省九江市），出身于一个没落的仕宦家庭。曾祖父陶侃曾是东晋的大司马，但到他这一代，家境已经颇为贫寒。陶渊明的幼年与少年时期，是在一个充满书香与儒家思想的环境中度过的。虽然家境日渐贫寒，但他的祖父和父亲都对他寄予厚望，希望他能够通过仕途重振家族声威。因此，他自幼便接受了良好的儒家教育，研读经史，学习诗文。

陶渊明早年曾有过几次短暂的仕途经历，曾任江州祭酒、建威参军、镇军参军等职，但因对官场的腐败和世俗的虚伪深感不满，彭泽县令是他最后一次为官，只做了八十多天就致仕，选择辞官归隐，过着躬耕田园的生活。

雅趣横生

不为五斗米折腰

陶渊明为了维持家计，接受了离家较近的彭泽县令之职。时逢寒冬，郡里的太守派了一位督邮到彭泽县进行巡查。尽管督邮职位不高，但在太守那

陶渊明

里却很有影响力，其言论往往能影响对人的评判。这次派来的督邮，性格粗鲁且傲慢无礼，一到彭泽的旅馆，就立刻命县吏去叫县令来见他。

陶渊明一向淡泊名利，不屑于阿谀奉承，对于这种借上司之势耀武扬威的人，他心里充满了鄙视。但考虑到职责，他还是准备前去拜见。正要出门时，县吏却劝阻了他，提醒说："大人，见督邮时得穿官服、系大带，不然有失礼节，督邮可能会借此找碴儿，对大人不利。"

听到这话，陶渊明心中的不满达到了极点。他长叹一声，坚定地说：

陶渊明画像

"我绝不能为了这点微薄的俸禄，向这种乡里小人屈服！"说完，他果断地拿出官印，小心地封存起来，并写了一封辞职信，毅然离开了这个只做了八十多天的县令职位，回到了田园。

老友同饮

陶渊明归隐之后，一日，颜延之来看望老友，颜延之深知陶渊明对美酒的酷爱，于是在来访前特地寻得一坛上好的陈年佳酿，作为惊喜带给这位老友。陶渊明一见之下，大喜过望，眼中闪烁着如获至宝的光芒。他连忙设宴款待，两人围坐在简朴却充满诗意的庭院中，一边缓缓饮酒，一边吟诗作画，享受着难得的宁静与惬意。

随着酒意渐浓，陶渊明的诗兴也愈发高涨，他笔走龙蛇，一首声情并茂的诗句跃然纸上。颜延之在一旁看得如痴如醉，连连赞叹不已。颜延之准备离开时，却发现那坛好酒已经被陶渊明喝得所剩无几了。他望着陶渊明那略带醉意的脸庞，不禁笑道："元亮啊元亮，你真是酒中之仙啊！这坛好酒在你面前，就如同遇到了知音，瞬间便化作了满腔的诗情画意。"

陶渊明闻言，哈哈大笑，他的眼神中透露出一种豁达与不羁："吾平生只追二物，一是美酒，二是诗文。美酒能解吾之愁，诗文能抒吾之志。今日得美酒相伴，吾心畅然，岂能不畅饮乎？况且，人生苦短，何妨放纵一点，追求内心的那份纯真与自由呢？"

颜延之闻言，深感赞同，两人相视而笑，心中充满了对彼此的理解和珍惜。这一刻，他们仿佛都成了世间最逍遥自在的仙人，忘却了尘世的烦恼与束缚。

葛巾酿酒

陶渊明正在家中酿酒，这是他归隐田园后的一大乐事。他身穿粗布衣裳，脚踏草鞋，头发随意地用一根葛巾束着，显得十分随性。恰逢郡将前来探望，欲与这位昔日县令共叙旧情。郡将的到来，并未打乱陶渊明的节奏，他依旧专注于手中的酿酒事宜，仿佛整个世界都与他无关。

适值酒熟，他顺手取下头上葛巾，用它来漉酒，动作娴熟而自然。酒液顺着葛巾缓缓流下，滴入坛中，散发出诱人的香气。这一举动，既显得他随和自在，又透露出一种不拘小节、率性而为的风范。漉完酒后，他仍将葛巾罩在头上，仿佛这葛巾就是他身份的一部分，与他那飘逸脱俗的气质相得益彰。

接着，陶渊明以这刚酿好的酒招待郡将。他亲自为郡将斟酒，两人把酒言欢，共话往昔与当下。郡将或许从未见过如此率真、不拘礼节的陶渊明，但这份真实与自在却让他倍感亲切。他们谈论着过去的官场生涯，也聊着现在的田园生活，时而笑声朗朗，时而感慨万分。

在这场探望中，没有烦琐的礼节，没有刻意的逢迎，只有两位旧友在酒香中的真挚交流。郡将向陶渊明诉说着自己的近况和困惑，而陶渊明的话语中，只有对官场的厌倦和对田园生活的热爱，让郡将深感敬佩。

经纶满腹

陶渊明的作品以诗歌为主，尤其是田园诗，在中国文学史上占据着举足轻重的地位。他的诗歌风格自然清新，语言质朴无华，却能够深入人心，引发读者的共鸣。

他的诗歌主题广泛，既有对田园生活的描绘和赞美，如《归园田居》中，"方宅十余亩，草屋八九间。榆柳荫后檐，桃李罗堂前。"这几句诗生动地描绘了田园生活的宁静与美好，让人仿佛置身于那片充满生机的田园之中。同时，他的诗歌也有对人生哲理的探讨和抒发，如《饮酒》中的"采菊东篱下，悠然见南山"。这句诗不仅展现了诗人悠然自得的生活态度，也蕴含了深刻的人生哲理，即在纷扰的世俗中保持内心的宁静与超脱。

在散文方面，《桃花源记》是陶渊明最著名的代表作之一，也是他的成名作。这篇作品通过描绘一个理想化的社会蓝图——桃花源，表达了作者对现实社会的不满和对理想社会的向往。文章中的"土地平旷，屋舍俨然，有良田美池桑竹之属。阡陌交通，鸡犬相闻"等描写，生动地勾勒出了一个自给自足、与世无争的理想社会图景。这种生活状态正是陶渊明所追求的人生理想，也体现了他对现实社会的深刻反思和批判。

除了诗歌和散文外，陶渊明还有一些辞赋和传记作品，如《归去来兮辞》《五柳先生传》等。这些作品同样展现了他的文学才华和人生追求。《归去来兮辞》中的"舟遥遥以轻飏，风飘飘而吹衣"等句，以生动的描绘和抒情的笔触，表达了诗人对归隐生活的向往和追求。《五柳先生传》则通过自传的形式，展现了陶渊明的性格特点和人生观念，即追求自然、真淳、淡泊的生活方式。

除此之外，在陶渊明的作品中，我们还可以看到他对自然和人生的独特感悟。他善于从自然中汲取灵感，将自然景物融入诗歌之中，形成独特的田园风光。同时，他也对人生有着深刻的思考，通过诗歌表达了对生死、祸福、荣辱等人生问题的看法。

识才尊贤

陶潜任天真，其性颇耽酒。自从弃官来，家贫不能有。九月九日时，菊花空满手。中心窃自思，傥有人送否。白衣携壶觞，果来遗老叟。且喜得斟酌，安问升与斗。奋衣野田中，今日嗟无负。兀傲迷东西，蓑笠不能守。倾倒强行行，酣歌归五柳。生事不曾问，肯愧家中妇。

——王维《偶然作》

【译】陶渊明任性真率，本性非常喜欢喝酒。自从辞官隐居以来，家境贫寒不能经常有酒喝。九月九日重阳节那天，他手里只空握着几枝菊花。他心里暗暗地想，如果有人送酒来该多好！正在这时，一位身着白衣的人带着酒和酒具走来，果然是来给他送酒的。他便高兴地端起酒杯来喝，也不问送来的酒是多少升多少斗。他撩起衣襟在田野间狂奔，说今天总算没有辜负这美好的时光。他醉醺醺地迷迷糊糊地东走西走，连头上的蓑笠也歪在一边不能戴正了。他醉倒后又勉强地站起来走走，一直唱着歌走回到自己居住的草庐。他连生计都不去考虑，怎么会惭愧自家没有酿酒的妻子呢？

渊明归去来，不与世相逐。为无杯中物，遂偶本州牧。因招白衣人，笑酌黄花菊。

——李白《九日登山》

【译】陶渊明辞官归隐，不再与世俗之人追逐名利。并非因为没有酒喝，而是他选择了不与世俗同流合污，即便是本州的州牧（官员）来邀，也毅然拒绝。于是他招来了白衣送酒之人，笑着酌饮着黄菊酒，享受着归隐生活的自在与惬意。

吾少时读《醉乡记》，私怪隐居者无所累于世，而犹有是言，岂诚旨于味邪？及读阮籍、陶潜诗，乃知彼虽偃蹇，不欲与世接，然犹未能平其心，或为事物是非相感发，于是有托而逃焉者也。

——韩愈《送王含秀才序》

【译】我小时候读《醉乡记》，私下里对隐居者的态度感到奇怪，他们既然已经没有什么牵累于世俗，却还有那样的言论，难道真的是因为嗜好饮酒吗？等到读了阮籍、陶渊明的诗，才知道他们虽然高傲不想与世俗交往，但仍然不能平息内心的愤懑，有时被事物的是与非所感发，于是借酒来逃避。

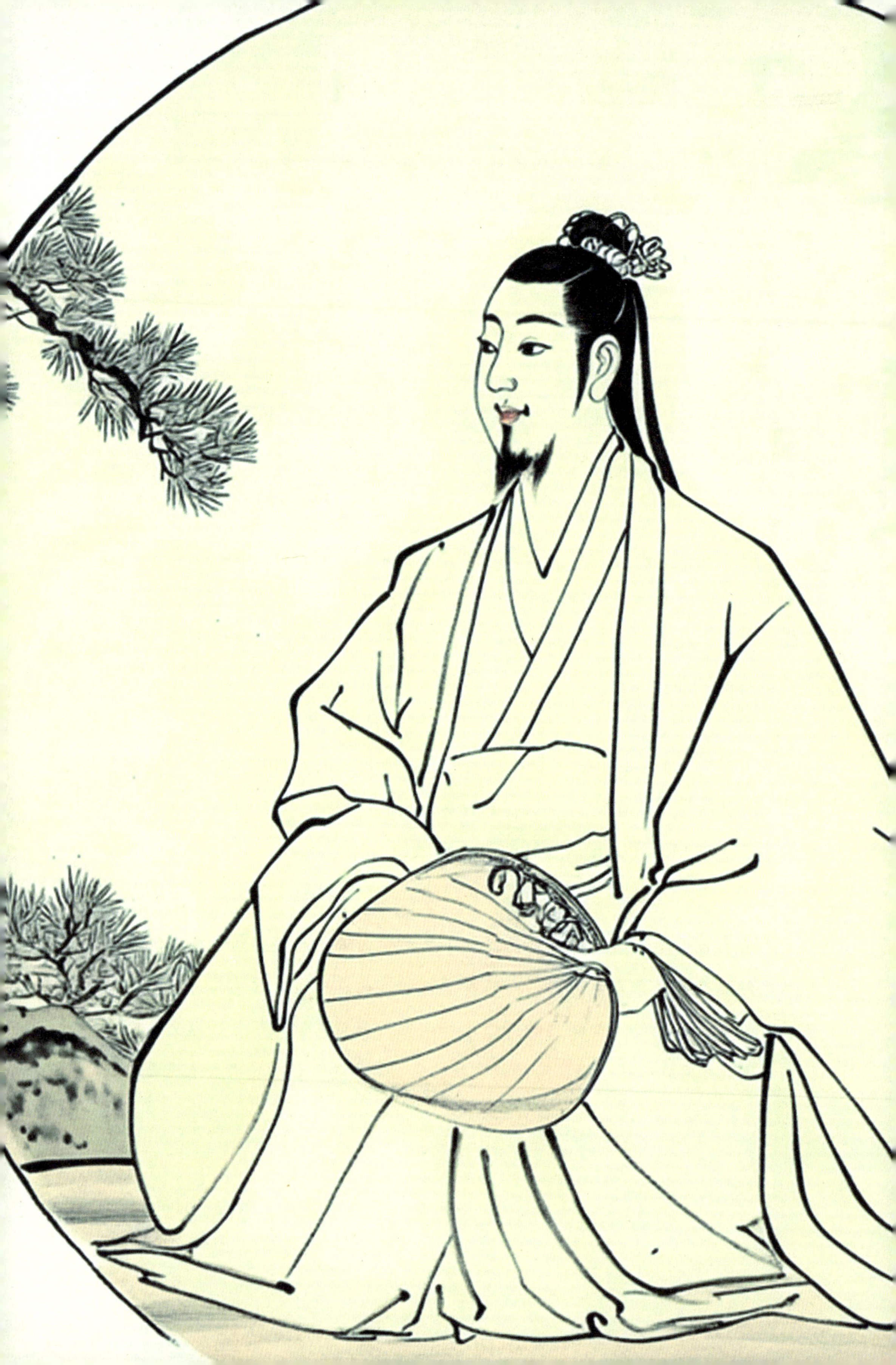

文思泉涌,才华横溢 ——王勃

他是『初唐四杰』之一,以诗文著称

他的《滕王阁序》成为千古绝唱

他才华横溢,却命途多舛,短暂人生留下无尽遗憾

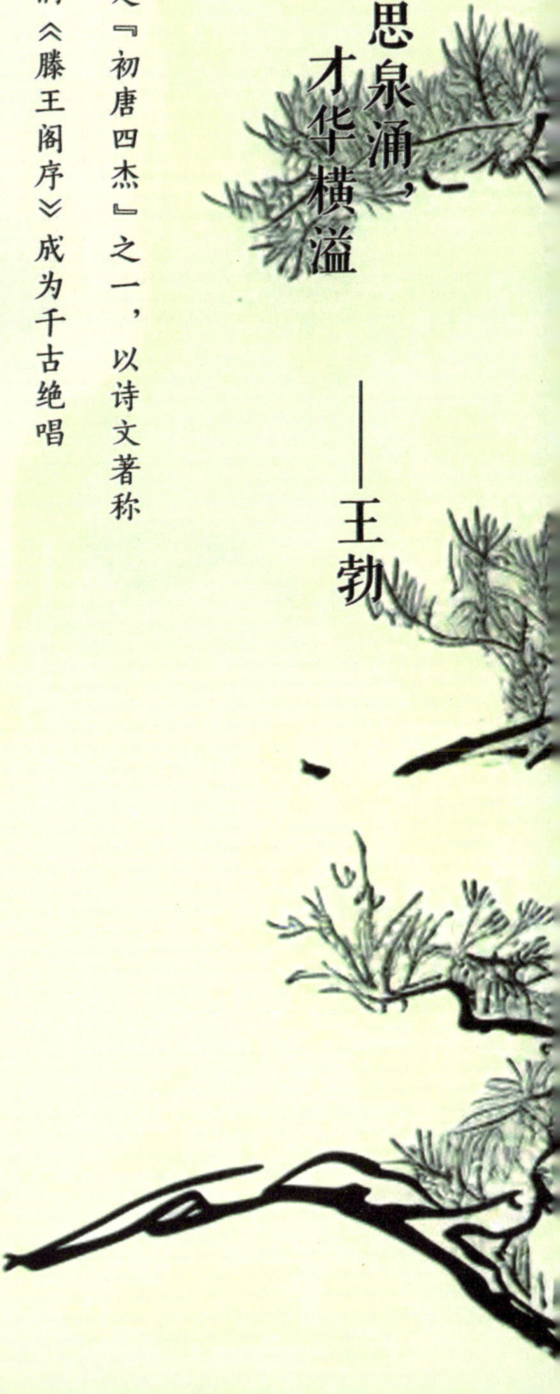

凤鸣朝阳

王勃（约公元650年—公元676年），字子安，是绛州龙门（今山西河津）的一位文学奇才。他出身于一个儒学世家，家族中文学大师辈出。祖父王通是隋末的大儒，被誉为文中子，叔祖王绩也是当时诗坛的佼佼者。

自幼，王勃便在祖父和父亲的悉心教导下，浸读儒家经典。少年时期的王勃，已经开始在文坛上崭露头角。他天赋异禀，对所学知识能够迅速理解和运用，常常出口成章。

雅趣横生

滕王阁序

在《唐摭言》的记载中，王勃于唐高宗上元二年（公元675年），在赴交趾探望父亲的旅途上，偶经南昌。彼时，南昌都督阎伯屿正为其新建的滕王阁举行落成典礼，并选在重阳佳节宴请宾客。王勃久闻滕王阁之名，遂欣然前往。阎都督对王勃早有耳闻，便热忱地邀他参与盛会。

然而，这场宴会背后，阎都督实则藏有私心。他欲借此次机会，向众人

王 勃

展示其女婿孟学士的才学，已预先让女婿准备了一篇序文，计划在宴会上假称即兴创作以炫耀。

宴会进行中，阎都督命侍从取出文房四宝，假意邀请在座宾客为滕王阁作序。宾客们心领神会，纷纷谦让。唯独王勃，未加思索便接过纸笔，当众挥毫泼墨。

阎都督见王勃此举，心中不悦，拂袖而去，躲入帐后。他暗中派人窥视王勃的写作内容，初闻"豫章故郡，洪都新府"，不以为意，嘲讽道："不过是陈词滥调。"但随着"星分翼轸，地接衡庐"的传入，他渐渐沉默，开始聚精会神地倾听。当"落霞与孤鹜齐飞，秋水共长天一色"这一千古绝句跃然纸上时，阎都督不禁赞叹道："这真是天才之作，必将流传不朽！"

《唐才子传》中对此情景亦有生动描述："王勃欣然对客挥毫，顷刻间便成佳作，一字未改，满座宾客皆为之惊叹。"尽管历史记载或许有所夸张，但王勃的《滕王阁序》确是一篇流传千古的不朽之作。

这篇序文不仅文采斐然，更融入了众多历史典故。明代学者杨慎在《丹铅录》中对王勃的才情给予了高度评价："年仅十四岁的少年，却胸怀万卷，千载之后，即使是饱学之士也难以完全理解其文中典故的出处。"

一字千金

王勃在写完了滕王阁序之后，又赋诗一首："闲云潭影日悠悠，物换星移几度秋。阁中帝子今何在？槛外长江□自流。"在这首诗中，王勃巧妙地留下了一个空白，随即将序文呈给阎都督，便起身告退。

阎大人品味着王勃的序文，正欲开口赞誉，却惊讶地发现诗句中竟有一字未填，心中不免生疑。四周的文人墨客见状，纷纷猜测那空缺之字，有的提议为"水"，有的则倾向"独"。然而，阎大人听后，觉得这些建议都未

王勃画像

能贴切地传达出作者的深意。

为了解开这个谜题，阎大人当即下令手下火速追赶王勃，请他补全那遗漏的一字。当找到王勃时，他的随从转述了他的回话："我家公子早有言在先，一字千金，望阎大人能够理解。"

追兵返回后，将这话一字不漏地禀告给了阎伯屿。阎大人听后，为了彰显自己礼贤下士的气度，决定满足王勃的条件。于是，他命人备好千两纹银，亲自带领众文人学士前往王勃的寓所。

王勃接过银子后，故作惊讶地说道："怎敢劳烦大人亲自前来询问，晚生岂敢故意留空？"众人听后都感到疑惑不解，纷纷追问："那所空之处究竟该如何理解呢？"王勃微笑着解释道："空者，即为空无之意。诗中'阁中帝子今何在？槛外长江空自流'，意在抒发世事变迁，帝子已逝，长江依旧空自流淌的感慨。这个空字，正蕴含了世事无常、物是人非的深刻哲理。"众人听后纷纷赞叹这个解释精妙无比，阎大人也深有感触地说道："一字千金，王勃真乃当今之奇才也……"

三叹王勃

上元三年（公元676年）冬，长安城内，《滕王阁序》这篇佳作如春风般迅速传开，大街小巷上，人们纷纷传诵着其中的妙句。某日，这篇序文也摆在了唐高宗的案头。他细细品读，当读到"落霞与孤鹜齐飞，秋水共长天一色"时，不禁拍案而起，惊叹道："此乃千古绝唱，真乃天才之作！"

王 勃

继续往下读，唐高宗又被一首四韵八句的诗所吸引："滕王高阁临江渚，佩玉鸣鸾罢歌舞。画栋朝飞南浦云，珠帘暮卷西山雨。闲云潭影日悠悠，物换星移几度秋。阁中帝子今何在？槛外长江空自流。"读完之后，他一扫往日的成见，连声赞叹："好诗，好诗！能作出如此长文，还能创作出这样的好诗，岂非强弩之末尚能穿七扎乎！这真是罕世之才，罕世之才啊！想当年，朕因斗鸡文而逐斥了他，实在是朕的过错。"

说到这里，唐高宗突然想起了王勃，他急忙询问身旁的太监："现在，王勃在何处？朕要召他入朝！"太监听后，面露难色，吞吞吐吐地回答道："陛下，王勃已经落水而亡了。"闻言，唐高宗的脸上露出了惋惜之色，他长叹一声，自言自语道："可惜，可惜，可惜啊！朕竟未能亲眼见到这样的奇才！"

经纶满腹

提及王勃，人们往往会首先想到《滕王阁序》这一杰作，但实际上，他的才华远不止于此。

王勃的诗歌也同样出色，《送杜少府之任蜀州》中的"海内存知己，天涯若比邻"一联广为传诵。"海内存知己"，这里的"海内"一词，寓意广阔无垠，象征着天地之间、四海之内。诗人以此来形容知己之情的广泛和深远，意味着真正的知己并不受地域的限制，无论身在何处，都能心灵相通。"天涯若比邻"，则是诗人对友情力量的进一步升华。"天涯"，通常用来形容极远的地方，而"比邻"，则是近在咫尺之意。诗人以这种鲜明的对比，来表达他对友情的坚定信念：即使彼此相隔千山万水，但只要心灵相通,就仿佛近在咫尺,如同邻居一般亲近。

这两句诗,不仅表达了诗人对友人的深厚情感,更展现了他乐观豁达的人生态度。面对离别,他没有沉溺于忧伤和愁绪之中,而是以开阔的胸襟和豪迈的气概,将友情提升到了一个新的高度。他认为,真正的友情并不会因为距离的遥远而消逝,反而会因心灵的相通而更加牢固。

然而,王勃的作品并不仅仅局限于乐观豁达的情怀。在《春思赋》中,他展现了自己忧郁愤懑、磊落不平的一面。这篇赋作中,他借春景抒发内心的忧郁和不平之气,表达了对功名的渴望和对未来的憧憬。尽管遭遇挫折和困顿,但他从未放弃对理想和功业的追求。

王勃的作品不仅展现了他非凡的文学才华和独特的艺术造诣,更通过不同的作品体现了他雄浑奔放、乐观豁达、忧郁追求等复杂的性格特点和情感状态。通过他的作品,我们可以更加全面地认识这位初唐文坛的璀璨明星,也能更加深入地理解那个时代的文化氛围和文学精神。

识才尊贤

王勃天才流丽,为文无雕饰之痕;杨炯则文质兼备,风格沉雄。

——张说《唐昭文馆学士颂》

【译】王勃的才华如同流水般自然流畅,他的文章没有雕琢的痕迹;而杨炯的文章则既有文采又有实质内容,风格沉稳雄浑。

九岁读颜氏《汉书》,撰《指瑕》十卷。十岁包综六经,成乎期月,悬

王 勃

然天得，自符音训。时师百年之学，旬日兼之，昔人千载之机，立谈可见。

——杨炯《王勃集序》

九岁时，他阅读颜师古注解的《汉书》，撰写了《指瑕》十卷来指出其中的错误。十岁时，他已经全面掌握了六经的内容，仅仅用了一个月的时间，他对知识的理解和掌握就像天生就会一样，自然契合了音韵训诂的学问。当时学者们需要花费百年时间才能积累的知识，他在十天之内就能掌握；前人需要千载才能领悟的深奥道理，他在短暂的交谈中就能领悟透彻。

并且把他和贾谊、王弼、李贺、夏完淳等列在一起评点，"都是英俊天才，惜乎死得太早了"。

——毛泽东

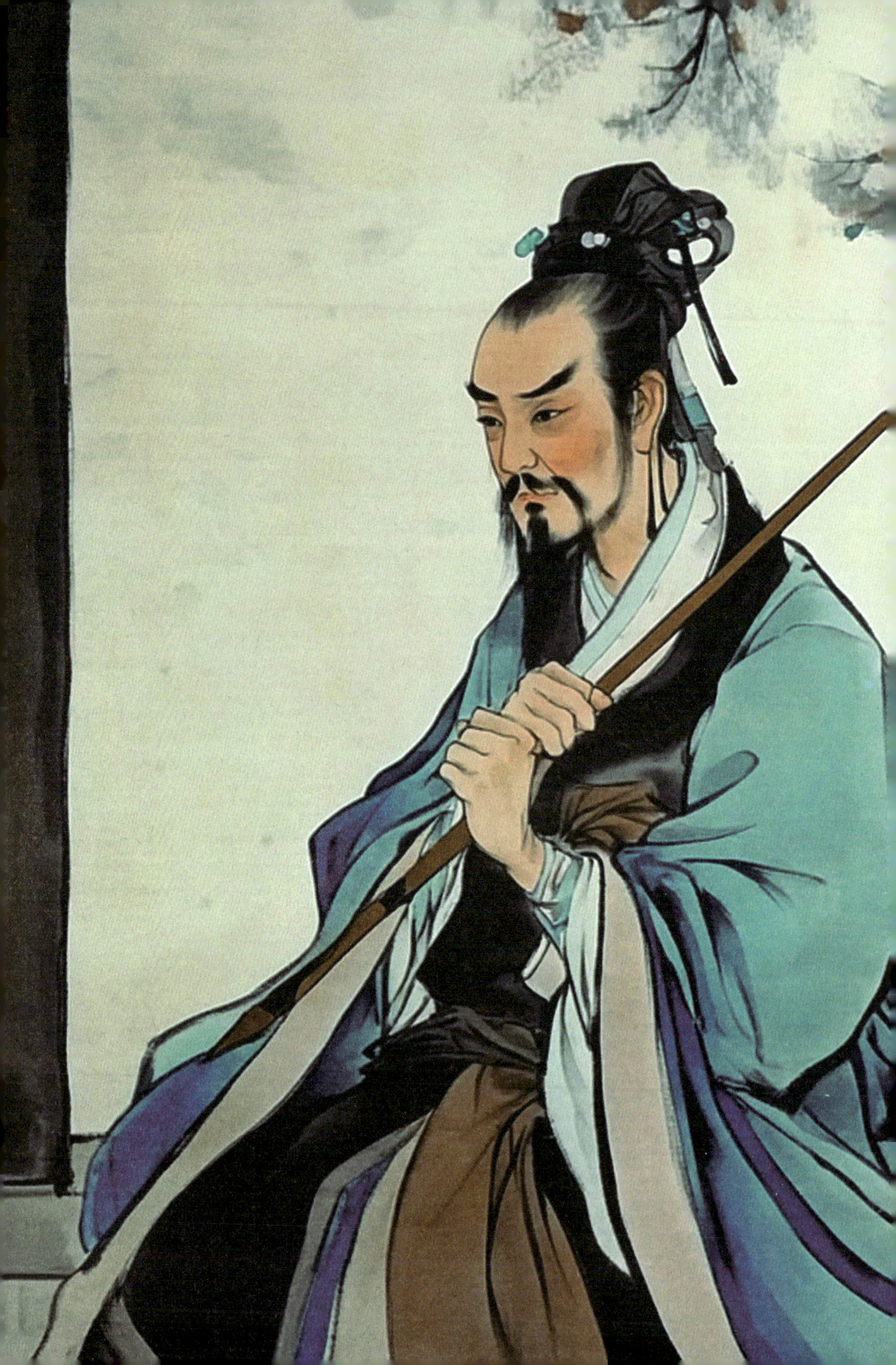

妙笔丹青，画圣风流

——吴道子

他是唐代著名的画家之一，被誉为「画圣」。

他为佛道像开创了全新的绘画风格。

他在绘画上的造诣极高，尤其擅长佛道人物画，其画作线条流畅，富有动感。

中国古代才子

凤鸣朝阳

吴道子（约公元680年—公元759年），唐代著名画家。他原名道玄，后因避唐玄宗李隆基的名讳而改称道子，阳翟（今河南禹州）人。他的一生跨越了盛唐和中唐时期，社会关系广泛，与当时的文人墨客、王公贵族均有交往。吴道子出身贫寒，但自幼便展现出对绘画的浓厚兴趣。他早年曾随一些民间画师学习绘画技艺，后来因才华出众，被召入宫廷，成为御用画家。

在宫廷中，吴道子更是如鱼得水。他有机会接触到大量的艺术珍品和前辈画家的作品，这不仅丰富了他的艺术修养，也让他有机会学习到不同流派的绘画技巧。他勤奋好学，善于吸收前人的优点并加以创新，逐渐形成了自己独特的绘画风格。

雅趣横生

拜师学画

吴道子出身贫寒，为谋生计，他踏上了离乡背井之路。一次偶然的机会，在河北定州城外，他走进了"柏林寺"，并在那里遇见了一位老和尚，

吴道子

被其深深吸引，遂决定拜入门下，专心研习绘画艺术。

老和尚心中怀揣着一个梦想，那就是创作一幅名为《江海奔腾图》的壁画，但多次尝试均未能如愿。于是，他决定带领吴道子游历四方，实地观察江河湖海，学习如何捕捉水的神韵。三年的光阴匆匆流逝，吴道子在描绘水景方面取得了长足的进步。

当他们重返寺庙的次日，老和尚不幸病倒，卧床不起。吴道子见状，毅然向师父请

吴道子画像

缨："师父，我想替您完成那幅《江海奔腾图》。"听到这个年仅十五六岁的少年如此有担当的话语，老和尚心中倍感欣慰，当即应允了他的请求。

在接下来的九个月里，吴道子全身心投入到壁画的创作中，足不出户，日夜奋战。他倾注了所有的精力和才智，力求将江海的磅礴气势展现得淋漓尽致。终于，在一个深秋的时节，吴道子完成了这幅《江海奔腾图》。他满怀喜悦地向师父报告："师父，我已经把《江海奔腾图》画好了！请您观赏。"老和尚听后，心中激动难抑，病情竟奇迹般地好转了！

老和尚站在殿门口，凝视着壁画上汹涌澎湃的浪花，仿佛置身于江海之中，听到了波涛的轰鸣。他仰天大笑，满心欢喜地对吴道子喊道："孩子，你画的这幅《江海奔腾图》真是太成功了！"

秃尾神马

画圣吴道子曾到访鸡足山，并在金顶寺住宿。那一晚，他创作了一幅《立马图》，画中的马栩栩如生，仿佛真马跃然纸上。然而，在即将完成最

后一笔马尾时,吴道子突感身体不适,只得前往禅房休息。次日清晨,他匆匆下山,遗忘了那幅未竟之作。

吴道子离开后,禅师仔细观赏《立马图》,才发现马尾巴尚未画成,心中惋惜不已,却也无可奈何,只能将画挂在禅堂侧室。禅师每日都会在画前焚香一炉,既是对大师的怀念,也是对马图的欣赏。随着时间的推移,他越看越觉得画中的马活灵活现,仿佛随时都会嘶鸣着跃下画来。

某日,山下十来个农人怒气冲冲地冲进寺院,状告禅师,声称寺院有一匹秃尾马践踏了他们的庄稼。禅师百般辩解,表示寺院并无养马,农人搜遍寺院也一无所获。这时,禅师忽然想起了那幅《立马图》,便告诉农人,寺院并无真马,只有一幅吴道子大师所画的立马图,邀请他们进屋观赏。

农人一见那图上的马,皆大吃一惊,纷纷指着画中的马说:"就是它,天天夜里偷吃我们的庄稼。"禅师闻言大怒,指着画中的秃尾马骂道:"畜生,留着你害人,不如送你到火塘里去。"话音未落,只见那画中的马仿佛有了灵性,竟跪了下来,两眼流露出泪水。庄稼汉见状也觉惊奇,觉得烧了它也怪可惜的,便说:"算了,只要它诚心改悔,不再糟蹋庄稼就行了。"

落笔生光

吴道子从新政离堆山观景归来,途中经过一座茅草房旁,耳畔隐约传来纺棉花的声音。然而,令他感到奇怪的是,屋内并未透出丝毫灯光。次日,吴道子特地来到这座茅草房前,经过一番询问,终于了解了事情的缘由。原来,这里住着一位孤苦伶仃的老婆婆,因家境贫寒,无力购买灯油,夜晚从不点灯照明。

得知这一情况后,吴道子心生怜悯,决定赠送老婆婆一幅画。他随即研磨铺纸,开始作画。只见他先将蘸满墨汁的笔往纸上一甩,纸上顿时出现了

吴道子

许多亮晶晶的小点点。接着，他又用笔尖在小点点上轻轻涂抹几下，最后在空白处勾勒出一个圆圈，画作便告完成。

吴道子将画递给老婆婆，并告诉她："你把这画贴在屋里，会有用的。"老婆婆虽然看不清画上的内容，但她深信吴道子是个好心人，绝不会欺骗她。于是，她满心欢喜地接过画，小心翼翼地将其贴在纺车前面的墙壁上。

夜幕降临，老婆婆惊奇地发现，那幅画竟变成了一片璀璨的星空。画上的星星闪烁着耀眼的光芒，一个圆圆的月亮更是将屋里照得如同白昼一般明亮。

经纶满腹

吴道子的作品丰富多样，涵盖了佛道人物画、山水画、花鸟画等多个领域。他的作品以线条流畅、形象生动而著称，尤其擅长通过线条的微妙变化，来表现人物的动态和情感，仿佛每一笔都蕴含着生命的律动。在《天王送子图》中，他运用细腻的线条，勾勒出天王威严而慈爱的面部表情，以及飘逸的衣纹和流动的云气，将整个场景表现得既庄重又富有生气，令人叹为观止。而在《八十七神仙卷》中，他更是将神仙的超凡脱俗展现得栩栩如生，每一个神仙的形象都独具特色，线条流畅而富有变化，使得整个画面充满了灵动与生机。

在评价吴道子的成就时，我们不得不深入剖析，他在绘画理论和实践上的创新。他开创了新的绘画风格，就是极致的线条运用。他善于运用不同粗细、浓淡的线条，来表现物体的质感和空间感，使得画面既富有层次感，又充满了动感。这种风格在当时引领了绘画的潮流。

通过他的作品，我们可以窥见唐代社会的繁荣景象和开放风气，感受到

中国古代才子

那个时代人们对于宗教的虔诚与追求。同时，他的作品也反映了唐代审美观念和绘画技艺的发展水平，为我们研究唐代绘画艺术提供了重要的实物资料。

吴道子的才华和努力，使他成了唐代著名的画家之一。他的成就不仅仅体现在绘画技艺上，更体现在他对于绘画艺术的深刻理解和独特见解上。他善于观察生活，从自然和人物中汲取灵感，将自己的情感和思考融入画作之中。

吴道子的作品和成就不仅仅在当时备受赞誉，更在历史的长河中熠熠生辉，成了后世画家学习的楷模和灵感源泉。他的绘画风格和技巧为后世画家提供了宝贵的借鉴和学习资源，使得他的艺术精神得以传承和发扬光大。同时，他的作品也是研究唐代社会、文化和宗教的重要窗口。

识才尊贤

自顾陆以降，画迹鲜存，难悉详之。唯观吴道玄之迹，可谓六法俱全，万象必尽，神人假手，穷极造化也。所以气韵雄壮，几不容于缣素；笔迹磊落，遂恣意于墙壁；其细画又甚稠密，此神异也。因写蜀道山水，始创山水之体，自为一家。其书迹似薛少保，亦甚便利。

——张彦远《历代名画记》

【译】自从顾恺之、陆探微以后，他们的画作很少留存下来，因此难以详细了解他们的艺术风格。只有吴道玄的作品，可以说是六法俱全，万物形象无不穷尽，仿佛是神人借助他的手，将自然造化的极致展现无遗。因此，他的画作气韵雄壮，几乎不能容纳在细绢之上；笔迹磊落豪放，于是恣意挥

吴道子

洒在墙壁上；而他细致的画作又非常稠密，这真是神奇非凡。他因描绘蜀道山水，开创了山水画的体裁，自成一家。他的书法笔迹类似薛少保，也很灵活。

　　道子画人物，如以灯取影，逆来顺往，旁见侧出。横斜平直，各相乘除，得自然之数，不差毫末。出新意于法度之中，寄妙理于豪放之外，所谓游刃余地，运斤成风，盖古今一人而已。

——苏轼《书吴道子画后》

　　【译】吴道子画人物，就像用灯光来取影一样，无论是逆来还是顺往，都能从旁见到侧面的形象。无论是横斜还是平直，各种线条相互衬托，都符合自然的法则，不差分毫。他在法度之中创新意，在豪放之外寄寓妙理，就像是游刃有余地在空间里挥洒，运斤如风，技艺高超，可以说是古今无双的一人。

　　曹吴二体，学者所宗。按唐张彦远历代名画记称北齐曹仲达者，本曹国人，最推工画梵像，是为曹，谓唐吴道子曰吴。吴之笔，其势圆转而衣服飘举。曹之笔，其体稠叠而衣服紧窄。故后辈称之曰："吴带当风，曹衣出水。"

——郭若虚《图画见闻志叙论》

　　【译】曹仲达与吴道子，这两位绘画大师的艺术风格深受后世学者的推崇。据唐代张彦远在《历代名画记》中的记载，曹仲达原籍曹国，活跃于北齐时期，他因擅长绘制佛教题材的画像而被尊称为"曹"。而唐代的吴道子，则以其独特的艺术成就被世人誉为"吴"。

　　吴道子的画作以笔势圆转、流畅自如著称，他笔下的人物衣物仿佛随风轻舞，生动传神。曹仲达的画作则呈现出一种稠密重叠的风格，他描绘的人物衣物紧窄贴身，线条细腻入微。这两种截然不同的艺术风格，被后世人们总结为"吴带当风，曹衣出水"。

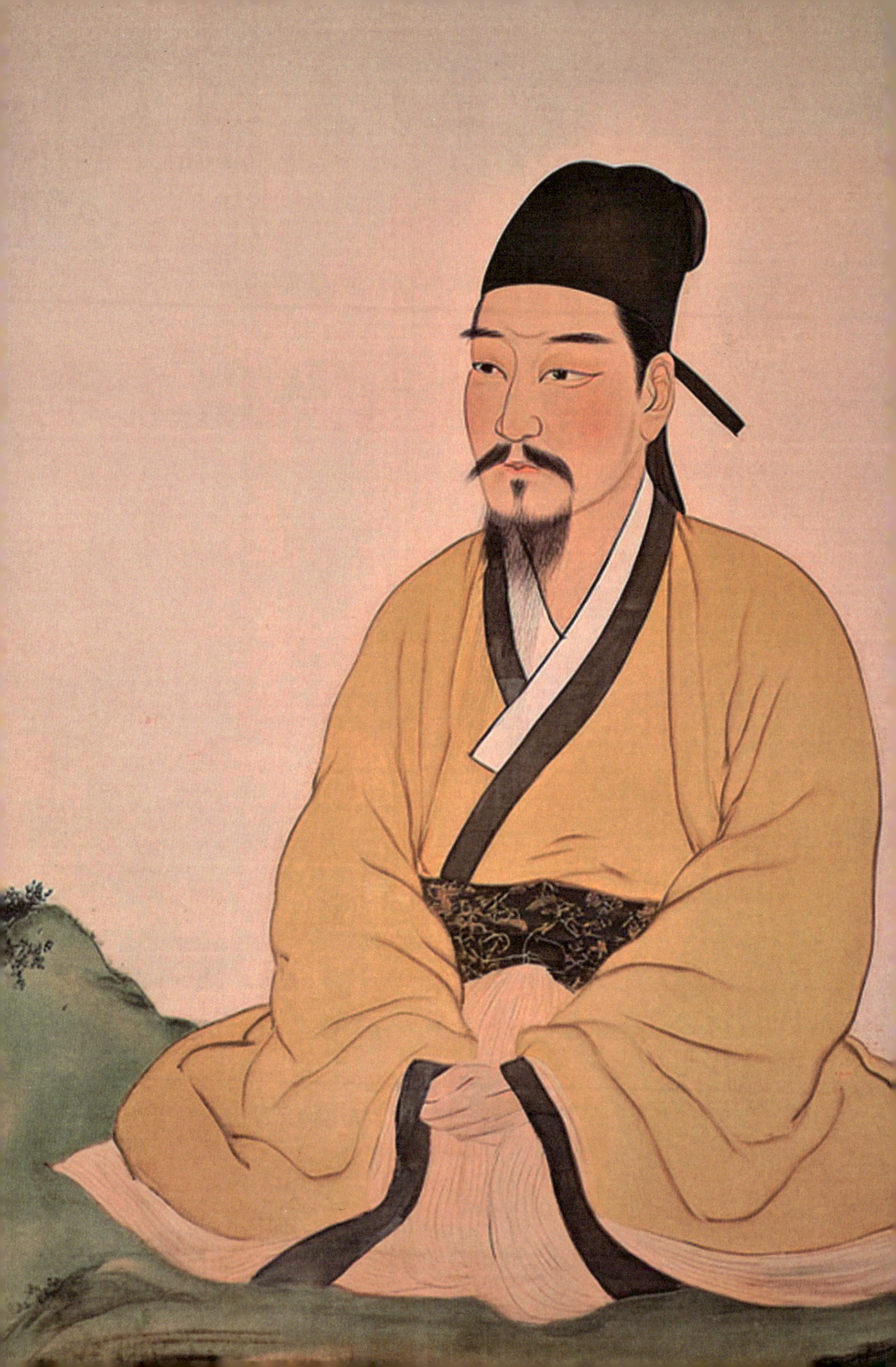

诗画双绝，隐逸高洁

——王维

他被后人誉为『诗佛』

他是唐代山水田园诗派的代表人物

他精通琴棋书画，山水画被后人推为南宗山水画之祖

中国古代才子

凤鸣朝阳

王维(约公元701年—公元761年),字摩诘,号摩诘居士,祖籍山西祁县,出生于蒲州(今山西永济)。他是唐代著名的诗人、画家,同时也是一位音乐家。他的诗歌创作广泛,尤以山水田园诗著称,画作亦被后世推崇,被誉为"诗佛",在文学和艺术领域都有着卓越的成就。

王维出身于一个官僚家庭,自幼聪明好学,早年便展现出过人的文学与艺术天赋。

他少年时期便开始学习作诗,深受其母影响,对佛教有着浓厚的兴趣,这种宗教信仰也深深影响了他的诗歌创作。

青年时期,王维赴京应试,一举成名,开始了他的仕途生涯,早年仕途顺利,曾任太乐丞等官职。然而,官场的复杂与多变让他逐渐感到厌倦,他更加向往自然与隐逸的生活。

中年以后,王维经历了仕途的起伏与安史之乱的动荡,这些经历进一步加深了他对人生的思考,也促使他的诗歌创作达到了新的高度,形成了独特的山水田园诗风。晚年的王维选择隐居终南山,全身心投入到诗歌与绘画的创作中。

王 维

雅趣横生

智解瓜蒂

少年时候的王维，就已经展示出了他的智慧。有一次，他听到邻居刘老爹在瓜田里号哭，走过去一看，原来刘老爹的西瓜被人偷走了很多。王维立刻赶到瓜田查看，发现瓜几乎被洗劫一空，只剩下孤零零的瓜藤。他非常愤怒，决定帮助刘老爹找回被偷的西瓜。两人一同来到市集，四处寻找可疑的瓜贩。不久，他们发现有个高个子男人正在卖西瓜，刘老爹一眼就认出这些是自己种的瓜，因为他对自己的瓜田和西瓜都非常熟悉。然而，卖瓜的高个子男人却矢口否认，声称这些瓜是自己辛辛苦苦种出来的。

王维见状，思考片刻后，心生一计。他让刘老爹看住瓜摊，自己则迅速跑回瓜田，取来一大把瓜蒂。回到市集后，王维用瓜蒂与西瓜底部的蒂痕进行仔细比对，结果一一吻合，无可争辩地证明这些西瓜确实是刘老爹的。

面对如此确凿的证据，卖瓜的高个子男人无法再狡辩，只好承认了自己偷瓜的事实。最终，县官判决偷瓜贼赔偿刘老爹的损失，并对他进行了严厉的责罚。这件事不仅让刘老爹感激不尽，也让市集上的人们对王维的聪慧赞不绝口。

王维画像

音乐天才

《唐国史补》中记载了这样一段详细的故事：有一次，一位收藏家偶然得到了一幅古老的奏乐图，画中人物栩栩如生，乐器繁复，然而令人遗憾的是，这幅珍贵的画作并未附有题名，因此无人能够确切知晓它所描绘的具体乐曲是什么。

当这幅画被带到王维面前时，他仔细审视着画中的每一个细节，从人物的姿态、乐器的摆放，到音符的飘散，都一一收入眼底。经过一番深思熟虑，王维缓缓给出了他的判断："这幅画所描绘的，应当是《霓裳羽衣曲》的第三叠第一拍。"众人闻言，皆感惊讶，同时也心生好奇，想要验证王维的推断是否准确。

于是，他们请来了一位技艺高超的乐师，按照王维的说法，演奏《霓裳羽衣曲》的相应部分。随着乐声的响起，人们惊奇地发现，乐师演奏的旋律与画中描绘的奏乐场景竟然分毫不差，每一个音符、每一个节拍都完美契合。这一幕让在场的所有人都为之惊叹，他们纷纷对王维的音乐造诣和敏锐洞察力表示由衷的赞赏。

礼佛食斋

王维全家均虔信佛法，坚守茹素戒杀的生活原则。他的母亲崔氏，在王维年幼时便开始了带发修行的生涯，一生秉持"褐衣蔬食，持戒安禅"的修行理念，她的生活简朴至极，常穿着粗布衣裳，以简单的蔬菜为食，每日坚持诵经，心境平和。

王维深受家庭熏陶，常年素食，至晚年更是严谨奉行，他的餐桌上从未

王 维

出现过荤腥，即使是最简单的饭菜，他也吃得津津有味，乐在其中。他坚信仁德博厚能感动天地万物，主张宇宙苍生应各得其所，相互尊敬，和谐共生。

王维不仅将信仰融入日常生活，还积极付诸实践。他曾多次向朝廷请愿，希望将自己所得的职田捐出，用以周济贫困，布施粥饭。每当他看到那些因饥饿而挣扎的人们，他的心中都会涌起一股无法言喻的悲痛，因此他毅然决然地决定将自己的部分财产用于救助他们。这一行为在当时引起了不小的反响，人们纷纷赞叹他的高尚品德和无私奉献，他的善举也激励了更多的人加入。

在王维的晚年，他更加专注于佛法的修行和内心的锤炼。他常与亲朋好友分享自己的修行心得，敦促他们也奉佛修心，追求内心的平静与升华。他常常说："佛法如明灯，能照亮我们的内心，让我们看清世间的真相。"

在他临终之际，他仍然不忘叮嘱身边的人要继续修行佛法，保持内心的善良和慈悲。即使是在他离去之后，他留下的遗言中，依然是充满了对佛法的敬仰，和对亲朋好友的深切关怀，是他一生坚守信仰、践行仁爱的真实体现。

经纶满腹

王维作为唐代杰出的文学家与艺术家，其创作领域广泛，涵盖了诗歌、绘画及音乐等多个方面，在诗歌创作上，王维尤其擅长山水田园诗，如《山居秋暝》《鹿柴》等作品，以其深邃的意境和清新的语言，不仅传达了对自然的热爱，还蕴含了对人生的深刻思考。在《山居秋暝》中，他细腻地描绘了秋雨后的山村景象，使读者仿佛亲临其境，感受到诗人内心的淡泊与超脱。这种将自然与心灵完美融合的写法，正是王维诗歌的独特之处。

除了诗歌，王维的画作也极具艺术价值。尽管传世作品有限，但从历史记载和现存作品中，我们仍能领略到他山水画风格的独特魅力。他的笔墨简练，意境深远，以少胜多，通过寥寥几笔就能展现山川的磅礴和云雾的缥缈。这种画风与诗歌相辅相成，共同体现了王维追求自然和谐的艺术理念。

王维的诗歌和画作还深受佛教思想的影响。晚年隐居终南山的他，更加接近自然，也更深入地思考人生真谛。他的诗歌中常流露出对佛教禅理的体悟，如《过香积寺》中的"薄暮空潭曲，安禅制毒龙"，表达了他通过禅定克制内心烦恼、追求心灵宁静的境界。这种佛教思想的影响，使他的诗歌具有超脱尘世的意境，画作也更具哲理性和象征意义。

王维的成就得到了后世的高度评价。他的诗歌被誉为"诗中有画，画中有诗"，这不仅是对他诗歌与画作相互映衬的赞誉，更是对他能将自然美、心灵美和哲理美融为一体的艺术才华的肯定。在绘画上，他的山水画被后人推为南宗山水画之祖。

王维以卓越的文学与艺术成就，在唐代乃至中国历史上都占据了重要地位。通过王维的作品和人生经历，我们可以更深入地了解唐代文化的多元性和丰富性，也能更深刻地感受到这位文化全才所散发的独特魅力和深远影响。

识才尊贤

臣兄文词立身，行之余力，常持坚正，秉操孤贞，纵居要剧，不忘清静，实见时辈，许以高流。至于晚年，弥加进道，端坐虚室，念兹无生。乘兴为文，未尝废笔，或散朋友之上，或留箧笥之中。

——王缙《进王维集表》

王 维

【译】我的兄长凭借文词立身，他在实践之余，始终坚守正直的原则，秉持着孤高坚贞的操守。即使身居要职、事务繁忙，他也不忘保持内心的清静，这确实让当时的同辈们都认为他是高洁之士。到了晚年，他更加致力于修行悟道，常常端坐在静室中，沉思无生之理的奥妙。他乘兴而做文章，从未放下手中的笔，这些文章有的赠予朋友，有的则留在箱箧之中。

维以诗名盛于开元、天宝间，昆仲宦游两都，凡诸王驸马豪右贵势之门，无不拂席迎之，宁王、薛王待之如师友。维尤长五言诗。书画特臻其妙，笔踪措思，参于造化；而创意经图，即有所缺，如山水平远，云峰石色，绝迹天机，非绘者之所及也

——刘昫《旧唐书》

【译】王维在开元、天宝年间以诗歌闻名于世，他和兄弟们在两都（长安和洛阳）做官游历，那些王侯、公主的夫婿以及豪门贵族之家，无不恭敬地设宴迎接他们，宁王、薛王更是待他们如同师友一般。王维尤其擅长五言诗。他在书画方面的造诣也特别高深，用笔构思，精妙绝伦，达到了与自然同化的境界；而在创意构图上，即使有所欠缺，比如山水画的平远之境，云峰石色的表现，他也能达到绝妙的境界，这是其他画家所无法企及的。

味摩诘之诗，诗中有画；观摩诘之画，画中有诗。

——苏轼《东坡题跋·书摩诘〈蓝田烟雨图〉》

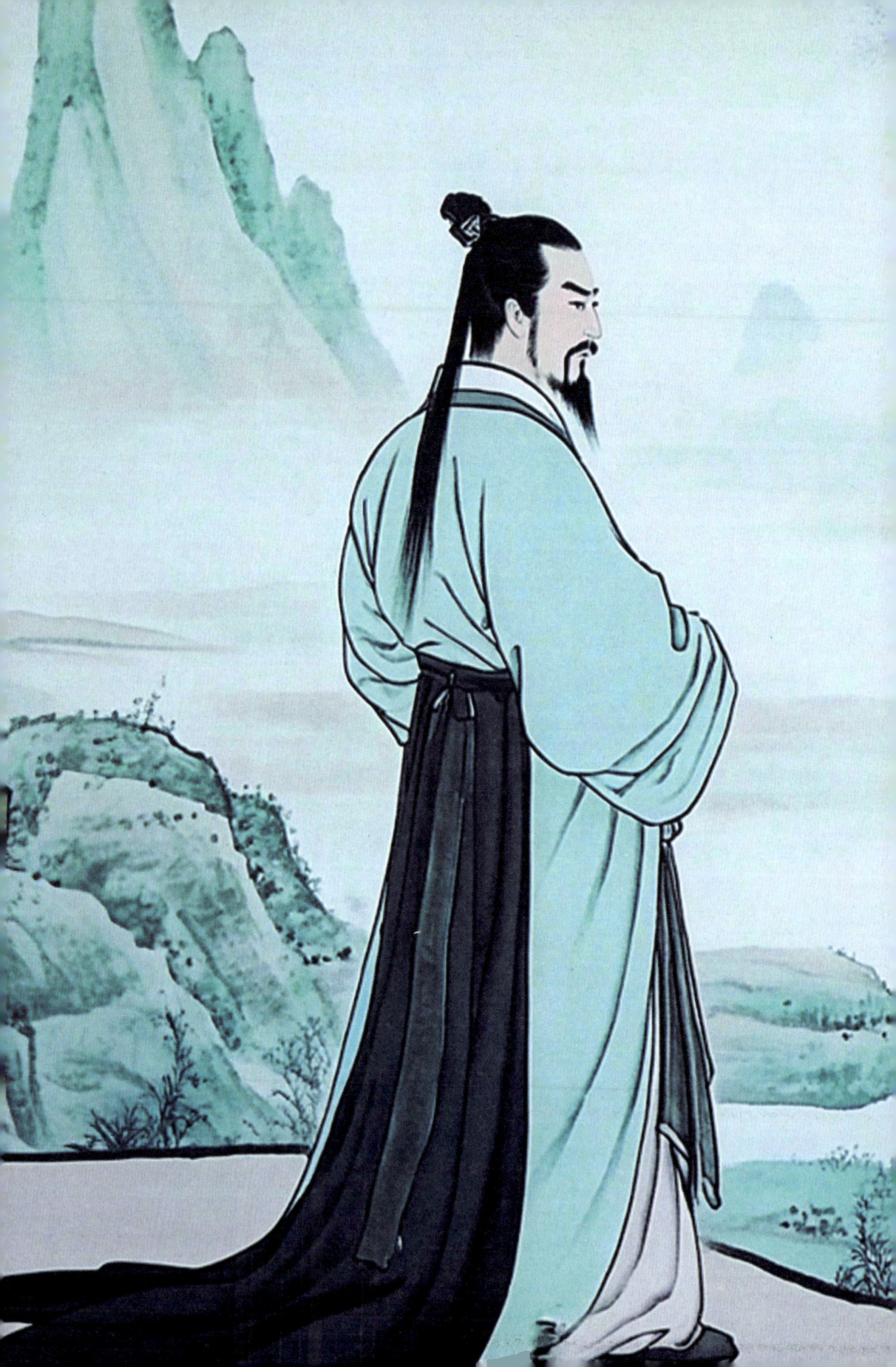

胸怀逸兴，凡间谪仙

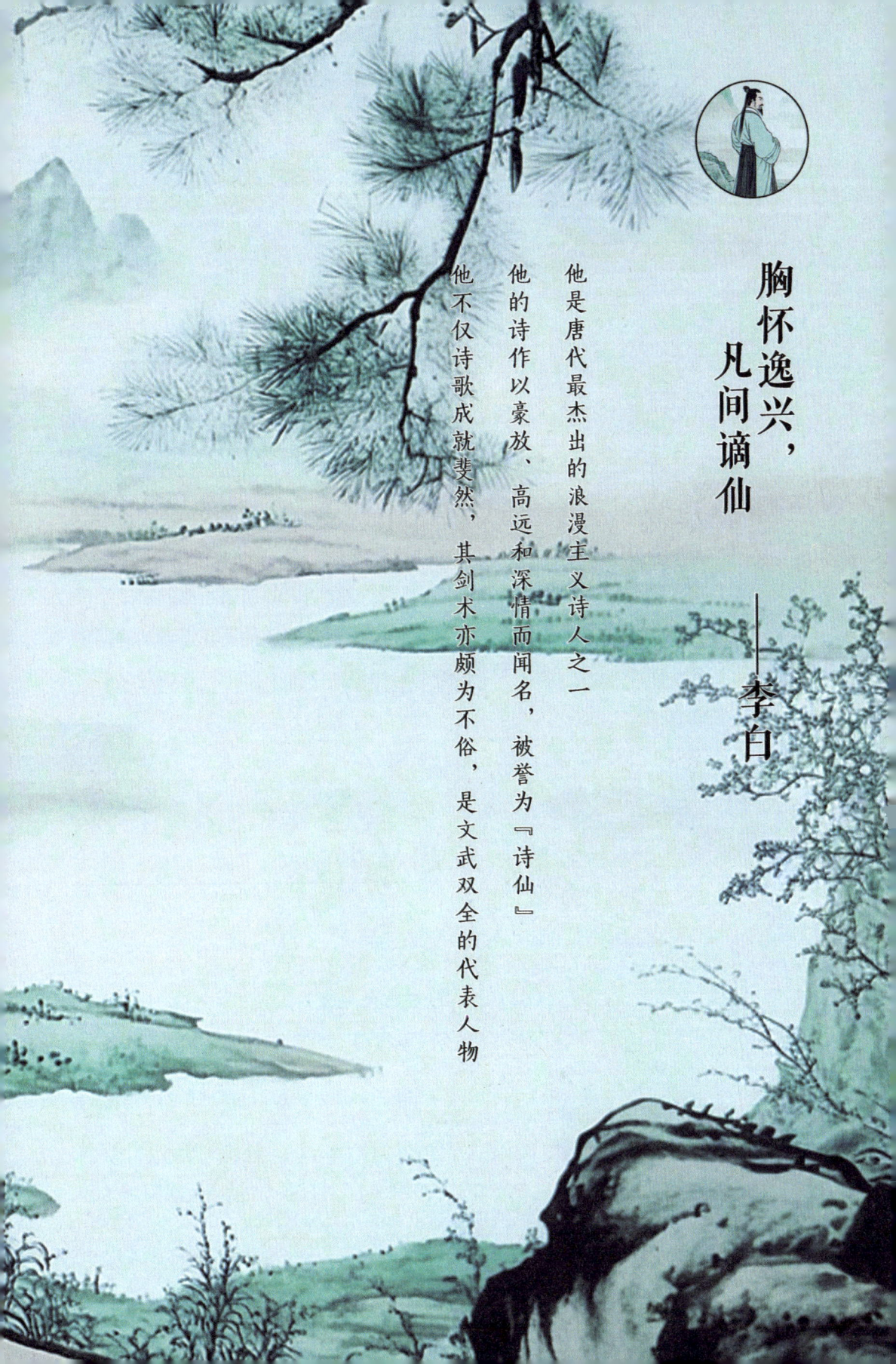

——李白

他是唐代最杰出的浪漫主义诗人之一，他的诗作以豪放、高远和深情而闻名，被誉为『诗仙』。他不仅诗歌成就斐然，其剑术亦颇为不俗，是文武双全的代表人物。

中国古代才子

凤鸣朝阳

李白（公元701年—公元762年），字太白，号青莲居士。他的一生跨越了盛唐与中唐，是唐朝最著名的诗人之一。尽管其家族在唐代曾有过显赫的历史，但到他出生时，家道已中落，商人出身的他，并未阻挡李白以自身之才，在诗坛上崭露头角。

自幼，李白便展现出了与众不同的聪慧与对知识的渴望。他的家庭崇尚文化，为他提供了丰富的典籍和文学氛围。少年时期，他便开始尝试诗词创作，成年后，李白因为选择不了传统的科举道路，加上屡次行卷失败之后，决定游历四方。

雅趣横生

青莲由来

李白拥有一个特别的别号，这个别号"青莲"源自佛教经典《维摩诘经》，它不仅是李白对佛教深厚情感的象征，也表达了他对维摩诘居士那种超脱世俗生活方式的仰慕。李白以"青莲居士"自居，并常将此名号融入诗

李 白

作之中，这种做法在六朝至隋唐时期颇为流行，成为他内心佛教信仰的一种外在表现。

在大乘佛教的众多人物中，李白对维摩诘尤为敬仰，甚至在某些方面自视为维摩诘的化身。

从他的诗作中可以看出，李白的维摩信仰深受《维摩诘经·方便品》中"虽入酒肆，仍能坚守本心"思想的影响。有趣的是，同时代的另一位伟大诗人王维，尽管与李白交往不多且诗风迥异，却也是维摩诘的信徒，其字"摩诘"正是维摩诘的简称。

李白的诗歌中频繁出现佛教术语，如"般若智慧""禅定修行""业障消除"等，这显示了他对佛学有着相当深入的理解和修养。在《庐山谣寄卢侍御虚舟》中，他不仅描绘了庐山的雄奇景色，还巧妙地将佛教的意境融入其中。

李白的佛学学习并非浅尝辄止，而是深入钻研。他的家族中就有僧人，如族侄僧中孚，就是他交往密切的僧人之一，二人在多首诗中都有提及共处的时光，包括清谈和品茗。

此外，李白在《赠僧崖公》这首诗中，还回忆了自己曾在郎陵东向白眉空禅师学禅的经历。通过修禅，李白得以缓解身心的压力，达到了心境清明、超脱尘垢的境界。

李白搁笔

在黄鹤楼公园的东边，有一座亭子名为"搁笔亭"，这个亭名背后隐藏着一段唐代诗人之间的佳话。

崔颢，一位才华横溢的诗人，曾登上黄鹤楼，被眼前的壮丽景色所震撼，于是写下了一首流传千古的名作《黄鹤楼》。他的诗中不仅描绘了黄鹤楼的巍峨挺拔，还融入了自己独特的思考，意境之美无以复加，使得这首诗成为黄鹤楼文化的重要组成部分。

后来，另一位诗坛巨匠李白也踏上了黄鹤楼。他放眼楚天，胸襟开阔，正欲提笔抒发自己的豪情壮志时，却意外地看到了崔颢的佳作。李白反复品读，深感崔颢的诗意深远，自己难以企及。

于是，他感慨地说："一拳捶碎黄鹤楼，一脚踢翻鹦鹉洲。眼前有景道不得，崔颢题诗在上头。"说完，他便搁笔未再写诗，以示对崔颢诗才的敬佩。这时，有个名叫丁十八的少年在一旁听到了李白的言辞，不禁笑出声来。他讥讽道："黄鹤楼依然完好无损，你是捶不碎的。"

李白闻言，并未动怒，而是微笑着作诗回应。他解释说，自己虽然在现实中无法捶碎黄鹤楼，但在诗意中却已经与崔颢的诗篇产生了共鸣，仿佛真的捶碎了黄鹤楼一般。

他还说，黄鹤楼之所以重修，是因为黄鹤仙人上天向玉帝哭诉，玉帝才下令让黄鹤仙人重返楼上，守护这片美丽的江山。

实际上，李白对黄鹤楼怀有深厚的情感。他曾多次登临此楼，每次都会高声吟诵诗句来表达自己对黄鹤楼的赞美和敬仰。

崔颢的题诗与李白的搁笔佳话，使得黄鹤楼的名声更加显赫。后人为了纪念这两位伟大的诗人，便在黄鹤楼公园东边修建了"搁笔亭"，以永载这段诗坛佳话。

桃花潭水

在唐朝天宝年间，汪伦得知大文豪李白正寄居在南陵其叔父李阳冰的宅邸，便心生一念，修书一封诚邀李白至家中一聚。信中，汪伦巧妙地写道："尊敬的先生，您是否热爱游历？此地藏有十里桃花的绝美风光。您又是否

李 白

嗜好饮酒？此处备有万家酒店任您畅快痛饮。"李白本就酷爱饮酒，加之对美景的向往，便欣然应允，踏上了前往汪伦家的旅程。

然而，抵达后，李白并未目睹信中所述的十里桃花连绵之景。但汪伦以满腔热忱接待了李白，他特地取出用桃花潭清澈之水酿制的美酒，与李白共酌。汪伦笑着向李白坦言："信中提及的'桃花'，实则

李白画像

是十里外潭水的美称，并非真有十里桃花盛开。而'万家'一词，乃因酒店东家姓万，并非实指有万家酒店之多。"李白听后，非但没有感到被欺骗，反而被汪伦的真诚与热情深深打动。

正值春暖花开，桃红柳绿，山峦间红花点缀，桃花潭水碧绿深邃，倒映着翠绿的山峰。汪伦盛情挽留李白小住数日，每日都以美酒佳肴相待。临别之际，汪伦还慷慨赠予李白八匹名马及十匹精美的官锦作为纪念。

当李白在东园古渡口乘船，准备先前往万村，再踏上旱路前往庐山时，汪伦在古岸阁上设宴为他送行。

汪伦手舞足蹈，唱起民间歌谣《踏歌》为李白践行。李白深受汪伦盛情所感，于是挥毫泼墨，写下《赠汪伦》一诗，以表达自己对汪伦深厚情谊的感激之情。

中国古代才子

经纶满腹

李白在中国文学史上地位显赫，这主要归功于他诗歌创作的广泛题材与卓越成就，同时，他在乐府诗和散文领域也展现出非凡才华。他的作品涉及山水、饮酒、游仙、怀古等多个领域，每一首诗都生动描绘了李白心中大唐的盛景与风采。

在山水诗中，李白以《庐山谣》为例，用华丽而自然的语言描绘了庐山的雄伟壮丽，表达了他对大自然的热爱与敬畏。而在饮酒诗中，如《月下独酌四首·其一》，他则以独特的视角，描绘了孤独中邀月共饮的情境，透露出超脱世俗的豁达。

李白的游仙诗则富有奇幻色彩，如《梦游天姥吟留别》中，他详细记录了一个梦游仙境的奇妙经历，展现了他丰富的想象力和对自由的向往。在怀古诗中，如《登金陵凤凰台》，他则以深沉的笔触，抒发了对历史变迁的感慨和对国家命运的关切。

李白的诗歌语言华丽且自然，想象丰富，意境深远。他善于运用修辞手法，如夸张、拟人、比喻等，将自然景物和人物形象描绘得栩栩如生，给读者带来强烈的视觉和情感冲击。

同时，他的诗歌也蕴含着深刻的哲理和人生思考，如《行路难》中的"长风破浪会有时，直挂云帆济沧海"，表达了他对人生道路的坚定信念和对未来的美好期待。

李白的作品还展现出一种豪放不羁、飘逸脱俗的气质。这种风格在《将进酒》和《宣州谢朓楼饯别校书叔云》等作品中都有明显体现。他以夸张的

李　白

手法描绘黄河的壮阔，彰显出豪放不羁的个性；同时，通过描绘揽月的壮志，进一步体现了对自由与超脱的执着追求。

除了豪放飘逸的风格外，李白的诗歌还常常蕴含着深沉的哲理和人生思考。他的作品不仅描绘自然美景，更反思人生、历史和宇宙。如《把酒问月》中，他通过对比月的永恒与人生的短暂，抒发了对人生无常的感慨和对宇宙奥秘的思考。

此外，李白深受道家思想的影响，这种思想在他的诗歌中得到了充分体现。他向往自然、追求心灵的自由与超脱，这些哲学思考和人生追求都使他的诗作充满了独特的浪漫主义色彩。

如《将进酒》中的"君不见黄河之水天上来，奔流到海不复回。君不见高堂明镜悲白发，朝如青丝暮成雪"，便深刻展现了他对人生短暂与追求自由的深刻感悟。

李白画像

李白擅长于向我们展现，一个豪放不羁、追求自由与美好生活的人物形象，而这些也完美地构造了这个浪漫仙人。

从前的讨论帖子中有这样一个饶有话题的讨论，如果我背下李白全部的文章诗篇，再回到唐朝李白出现之前，创作出李白所有的作品，李白会怎么样？

这个问题的答案一定是，我会成为大唐一个伟大的诗人，但是李白依然会成为李白！

识才尊贤

思见雄俊士，共话今古情。李侯忽来仪，把袂苦不早。清论既抵掌，玄谈又（一作多）绝倒。分明楚汉事，历历王霸道。担囊无俗物，访古千里余。袖有匕首剑，怀中茂陵书。双眸光照人，辞赋凌子虚。

——崔宗之《赠李十二白》

【译】我渴望见到雄俊之士，与他们共谈古今之情。李侯忽然光临，我懊恼未能早些与他把臂同游。我们的清谈既已抵掌而谈，深入的玄理探讨又令人绝倒。他分明通晓楚汉之事，对历代王霸之道也了如指掌。

他行囊中无俗物，为了探访古迹，不惜千里迢迢。他袖中藏有匕首剑，显示出不凡的英勇气概，怀中则揣着茂陵之书，满腹经纶。他的双眸光照人，辞赋之才更是凌驾于子虚之上。

李杜文章在，光焰万丈长。

——韩愈《调张籍》

李　白

谪下三清列八仙，获调羹鼎侍龙颜。吟开锁闼窥天近，醉卧金銮待诏闲。旧隐不归刘备国，旅魂长寄谢公山。遗编往简应飞去，散入祥云瑞日间。

——徐夤《李翰林》

【译】被贬谪下凡间，曾位列三清之侧，与八仙为伍，有幸调和鼎鼐，侍奉君王之颜。吟诗时仿佛能打开天门，窥见天际之近，醉卧金銮殿，静待君王诏令，悠然自得。昔日的隐居之地，已不归刘备之国，旅人的魂魄长久寄居在谢公之山。遗留下的诗篇与古籍，应已化作飞仙，飘散于祥云瑞日之间。

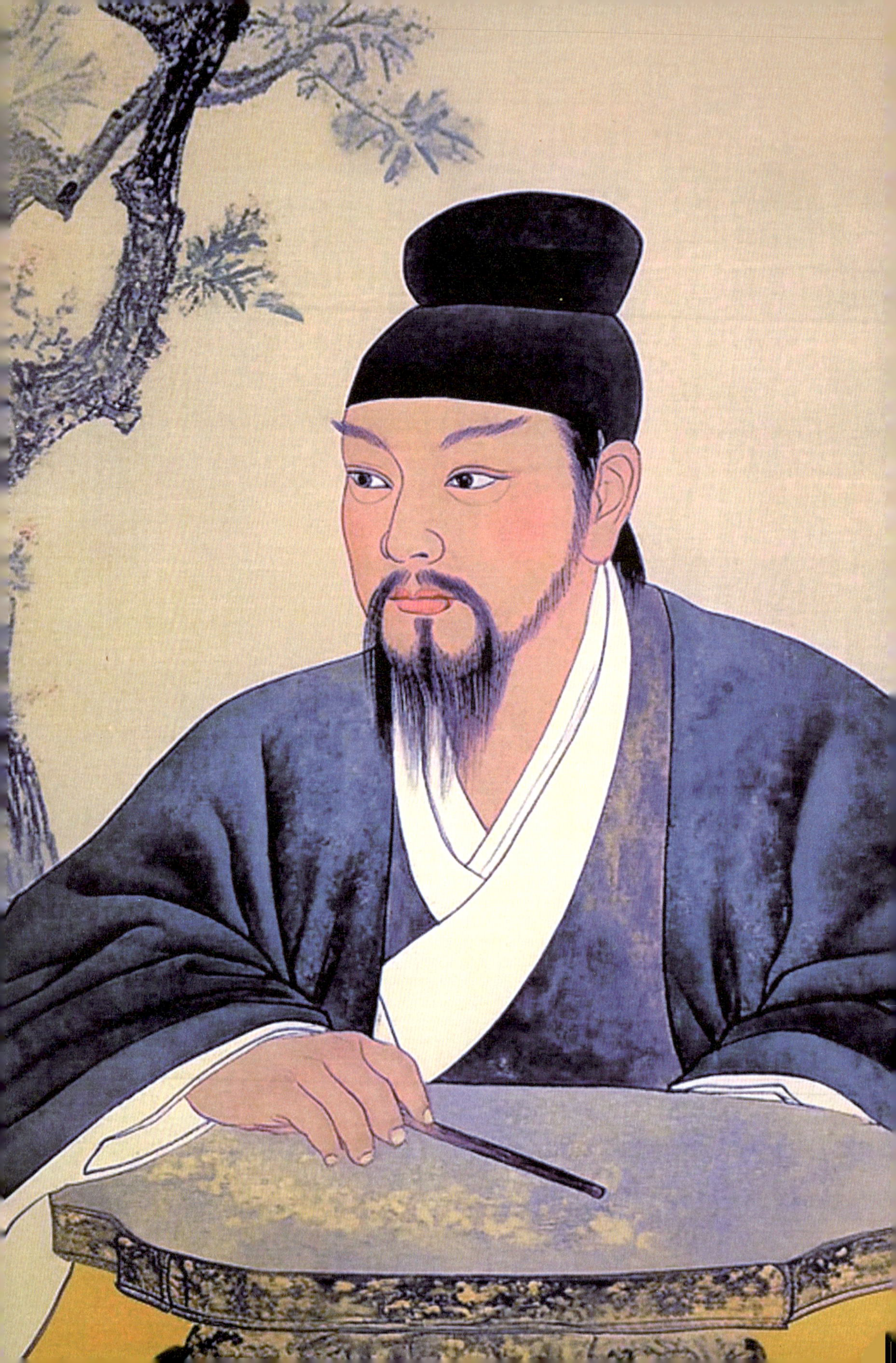

众山皆小，诗中称圣
——杜甫

他是唐代伟大的现实主义诗人之一，他被称作『诗圣』，和『诗仙』李白并称『李杜』，他的诗歌被誉为『诗史』，深刻反映安史之乱前后唐代社会现实。

凤鸣朝阳

杜甫（公元712年—公元770年），字子美，自号少陵野老，唐代著名诗人，与李白并称为"李杜"。他出生于河南巩县（今河南巩义西南），籍贯襄阳杜氏。

杜甫的幼年和少年时期是在一个充满书香的家庭中度过的。他自幼聪明好学，七岁时就能作诗。他的诗歌才华得到了家族和当时文人的赞赏。然而，他的仕途并不顺利，多次参加科举考试都未能中举，杜甫的家族世代为官，但他只做过一些小的官职。

雅趣横生

七龄咏凤

杜甫在七岁那年，他的父亲正在教他背诵古代的赋文。在这篇赋文中，提到了"凤凰"这一神秘而崇高的神鸟。杜甫对凤凰充满了好奇，因为他虽然听说过凤凰的名声，但从未有幸亲眼见过。

于是，他好奇地向父亲询问凤凰的具体样子。父亲耐心地向他描述了凤

杜 甫

凰的高洁与非凡，解释它是古代传说中的鸟王，雄者为凤，雌者为凰，其形象独特而尊贵，不与其他平凡的鸟类为伍。

杜甫听后深受启发，他感受到了凤凰所象征的出类拔萃与卓越不凡。于是，他兴奋地告诉父亲，自己想要创作一首关于凤凰的诗。父亲听后非常惊喜，他鼓励杜甫将自己的想法吟诵出来。杜甫随即开口，用稚嫩却充满情感的声音，吟诵出了他心中的凤凰之诗。在这首诗中，他不仅生动地描绘了凤凰的雄姿与神韵，更巧妙地寄托了自己对未来的憧憬与抱负，表达了他决心要成为一个出类拔萃之人的坚定信念。

杜甫画像

这首诗让在场的家人都惊叹不已，他们被杜甫在文学方面的非凡天赋震惊。从此之后，杜甫更加用心地学习诗歌创作，不断磨炼自己的才华，成长为一位伟大的诗人。虽然这首诗如今已经失传，但"七龄思即壮，开口咏凤凰"的故事却流传至今。

炙手可热

在青壮年时期，杜甫就是大唐最负才名的诗人之一了。他不仅关注自然之美，更对大唐的社会有着自己的思考。那时，当权者沉迷于享乐，对民众的疾苦视而不见。杜甫深知，这样的行为终将导致国家的败亡。他心中的愤慨如同烈火般燃烧，无法抑制。于是，他决定要做些什么。

在几个日夜的奋笔疾书后，一首七言长篇古诗《丽人行》横空出世。这首诗中，杜甫以精湛的技艺和犀利的笔触，将杨家那奢靡生活描绘得淋漓尽致。他没有丝毫的回避和掩饰，而是直接将社会的丑恶现象呈现在世人面前。

《丽人行》一问世，便引起了巨大的轰动。人们被杜甫的勇气和才华所折服，纷纷传诵这首诗。而"炙手可热"这个成语，也从这首诗中应运而生，成了形容权势盛大、气焰嚣张的人的代名词。

落花时节又逢君

在开元的大唐是繁华的，达官贵人们总是在府中聚会，所以当时的文人、舞者、乐师，频繁出入于长安的贵族府邸。岐王李范与崔涤（崔九），皆是当时权倾一时的贵族，他们的府邸，常常汇聚了众多的文人墨客与音乐才子。在这样的社交场合中，杜甫与李龟年得以相识，并逐渐相知。杜甫在晚年也回忆道"岐王宅里寻常见，崔九堂前几度闻"。

杜甫对李龟年那悠扬的歌声赞不绝口，而李龟年也对杜甫深邃的诗歌才华表示由衷的钦佩。这段在繁华大唐下，共同度过的时光，成了杜甫心中一段珍贵的记忆。

然而，随着安史之乱的爆发，大唐王朝迅速由盛转衰，杜甫与李龟年的命运也随之发生了翻天覆地的变化。杜甫四处漂泊，生活陷入了困顿之中；而李龟年也失去了宫廷的庇护，流落民间，只能以卖唱为生。公元770年，杜甫漂泊至江南一带，此时的他已经是一位年迈的老人。一次偶然的机会，杜甫在街头听到了那熟悉而深情的歌声——那是李龟年在弹唱。两位旧友在异乡意外重逢，四目相对，心中充满了无尽的感慨与激动。

杜甫深感此情此景的难得与珍贵，随即写下了那首脍炙人口的《江南逢李龟年》："岐王宅里寻常见，崔九堂前几度闻。正是江南好风景，落花时节又逢君。"这首诗不仅深情地回忆了开元盛世的繁荣景象，更深刻地抒发了对国运衰微、人生无常的感慨与无奈。

杜 甫

经纶满腹

　　早期的杜甫，生活相对安逸，对生活和自然是充满了激情跟热爱的。这一时期的登高诗作，更多地展现了他对自然景色的细腻描绘和赞美，体现了他清新自然、充满生机与活力的诗歌风格。在《望岳》这首诗中，杜甫写道"会当凌绝顶，一览众山小"，这一句不仅描绘了泰山的高大雄伟，更通过"凌绝顶"和"一览众山小"的表述，展现了杜甫早年积极向上的生活态度和豪迈的气概。他渴望攀登绝顶，俯瞰群山。唐朝人对"会"的解释是一定要，一个"会"字就将他的少年意气展现，似乎这"众山"在他眼里本就小，而非是因为"凌绝顶"的原因。

　　然而，随着安史之乱的爆发，杜甫的生活陷入了困境。他颠沛流离，历经磨难。这一时期的诗作，更多地反映了他对时局的忧虑和对人民疾苦的深切同情。在《自京赴奉先咏怀五百字》中，"朱门酒肉臭，路有冻死骨"这一句，他通过鲜明的对比，深刻地揭示了社会的不公和贫富的悬殊。其中，"朱门"代表权贵之家，而"酒肉臭"则暗示了他们的奢侈浪费；与此同时，"路有冻死骨"则描绘了普通百姓在严寒中冻死的悲惨景象。这种强烈的对比，表达了他对战乱给人民带来的苦难的痛惜之情。这时的杜甫，诗歌风格变得沉郁顿挫，充满了忧国忧民的深沉情感。他不再只是描绘自然景色，而是更多地关注社会现实和人民的命运。

　　晚年的杜甫，生活愈发困苦，但他对诗歌创作的热情却从未减退。这一时期的诗作，更加深刻地体现了他对生命的感悟和对自然的敬畏。在晚年所作的《登高》中，他写道："万里悲秋常作客，百年多病独登台。"这两句诗，字字沉重，句句深情。"万里悲秋"不仅描绘了秋天的萧瑟，更暗含了诗人对生命无常、时光易逝的深深感慨；而"百年多病"则直接表达了诗人晚年多病缠身的痛苦与无奈。他独自登台，面对茫茫清秋，心中充满了对生命的敬畏和对来时的思索。这时的杜甫，诗歌风格更加雄浑壮阔，每一句诗都仿佛蕴含着无穷的力量和深刻的思考。他不再局限于个人，而是将视野扩展到整个社会和生命的层面，所以这个时期的杜甫留下了更多的作品，当我们在风雨不扰的教室中读书，应该算是"安得广厦千万间"吧。

通过这三个不同时期的诗作，我们可以清晰地感受到，杜甫诗歌风格的变化和他个人经历的紧密相连。他的诗歌不仅记录了历史的变化和人民的疾苦，更承载了他对生命和社会的深刻思考和感悟。杜甫的诗歌才华，在这些作品中得到了充分的体现，我们也更加深入地了解了这位唐代诗坛上的巨匠。

识才尊贤

有唐文物盛复金，名书史册俱才贤。中间诗笔谁清新，屈指都无四五人。独有工部称全美，当日诗人无拟伦。笔追清风洗俗耳，心夺造化回阳春。天光晴射洞庭秋，寒玉万顷清光流。我常爱慕如饥渴，不见其面生闲愁。

——**韩愈《题杜工部坟》**

【译】唐朝的文化和文物都极为繁荣且全面，史册上记载的名人都是才华横溢的贤能之士。然而，在这众多的诗人中，谁的诗笔最为清新脱俗呢？屈指可数，不过四五人而已。独有杜甫（工部是其官职）被誉为才情俱全，当时的诗人中无人能与他相提并论。他的笔触如同清风，能洗净世俗的尘

杜 甫

埃，使人耳目一新；他的心灵仿佛能夺取自然的造化，使春天重返人间。他的诗歌如同天光晴照洞庭湖的秋色，又似万顷寒玉般清澈，流光溢彩。我一直对他充满敬仰和爱慕，如同饥渴之人渴望甘霖，见不到他的面庞，心中便生出莫名的忧愁。

余读诗至杜子美，而知小大之有所总萃焉。……至于子美，盖所谓上薄风、骚，下该沈、宋，古傍苏、李，气夺曹、刘，掩颜、谢之孤高，杂徐、庾之流丽，尽得古今之体势，而兼人人之所独专矣。使仲尼考锻其旨要，尚不知贵其多乎哉！苟以为能所不能，无可不可，则诗人已来，未有如子美者。

——元稹《唐故工部员外郎杜君墓系铭并序》

【译】我读诗读到杜甫（字子美）的诗时，才明白了诗歌的精髓和要领都汇聚在他的诗中。至于杜甫，他的诗歌造诣可以说上承《诗经》《楚辞》的深邃，下启沈约、宋之问的清新，古朴之处可与苏武、李陵并肩，气势之盛则超越了曹植、刘桢，他掩盖了颜延之、谢灵运的孤高之气，又融合了徐陵、庾信的流丽之风，真可谓是尽得古今诗歌的体势，同时兼具了每位诗人所独有的长处。假使孔子来锤炼他诗歌的主旨要义，尚且不知道会多么珍视他诗歌的丰富内涵呢！如果认为杜甫做到了别人所不能做到的，达到了无可无不可的境地，那么可以说自诗人出现以来，还没有像杜甫这样杰出的人呢。

古今诗人众矣，而杜子美为首，岂非以其流落饥寒，终身不用，而一饭未尝忘君也欤？

——苏轼《王定国诗集叙》

【译】古往今来的诗人有很多，但杜甫（字子美）被视为其中的佼佼者，难道不是因为他虽然流离失所、饱受饥寒，一生都未得到重用，但即使在吃一顿饭的时候也没有忘记君王（国家）吗？

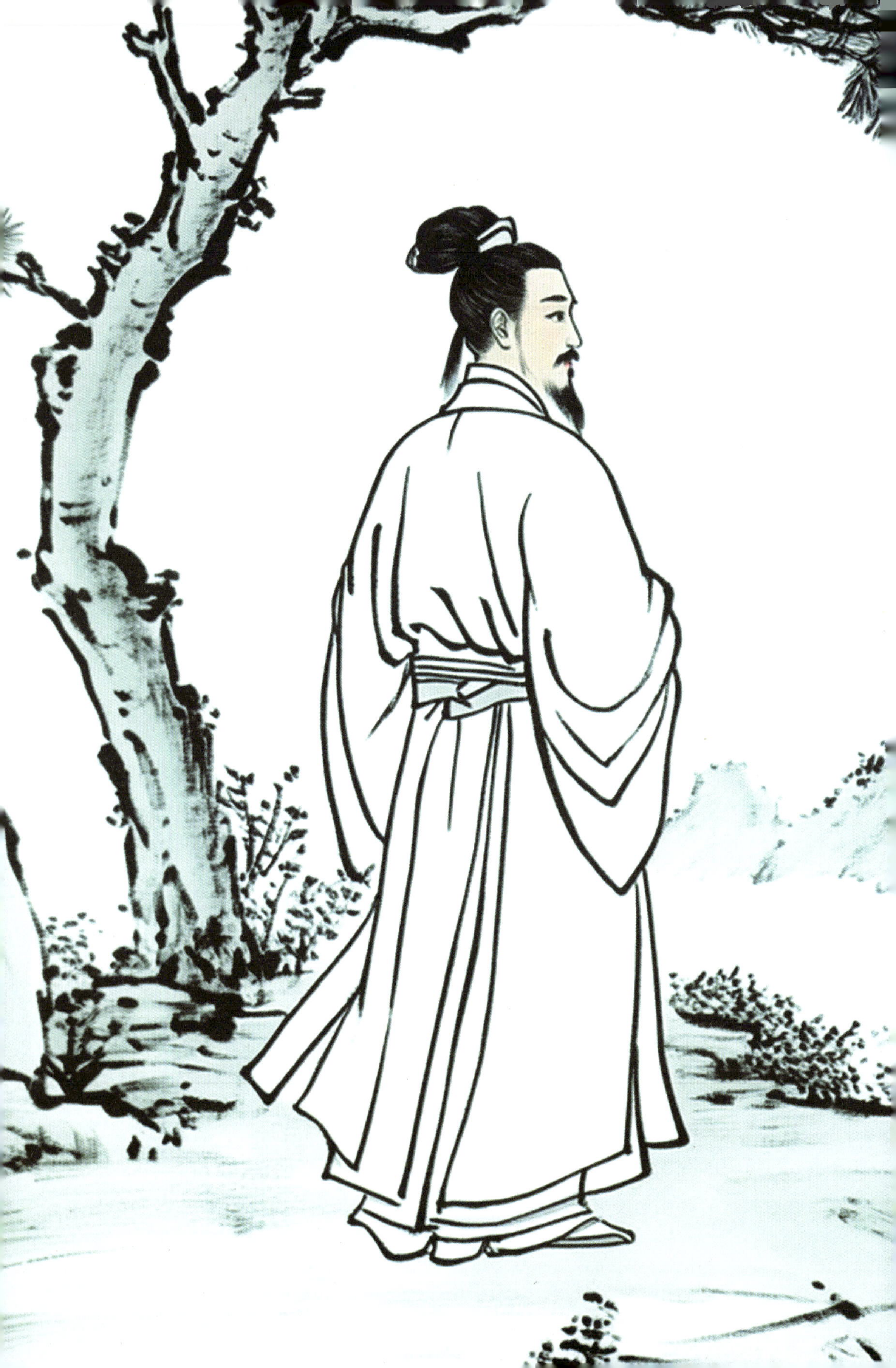

文起八代,儒宗之师——韩愈

他在历史上被誉为『唐宋八大家』之首

他是唐代古文运动的领袖,力倡文风革新

他作为儒学复兴的关键人物,重塑了儒家思想的权威

凤鸣朝阳

韩愈（公元768年—公元824年），字退之，世称"韩昌黎""昌黎先生"，河南河阳（今河南省孟州市）人，是唐代著名的文学家、思想家、政治家，也是唐宋八大家之一。他出生于一个中小官僚家庭，父兄皆以文章名世，这样的家庭背景为他日后的文学成就奠定了良好基础。韩愈自幼聪慧好学，接受了严格的儒家经典教育，熟读五经。

韩愈一生仕途坎坷，曾任国子监博士、史馆修撰、中书舍人等职，后因上书言事获罪，被贬为地方官，晚年官至吏部侍郎。他在政治上，主张天下统一，反对藩镇割据，积极参与朝政，敢于直言进谏；在文学上，领导了唐代的古文运动，推动了文体改革，对后世影响深远。

雅趣横生

斗鳄除害

韩愈在潮州刺史任上，遭遇了一件令百姓惶恐不安的事。江上有一条恶鳄频繁出没，导致一直有百姓受伤。面对这一状况，韩愈决定挺身而出，为

韩愈

百姓解忧。

他知道单凭武力难以制服鳄鱼，于是决定采用智取。韩愈撰写了一篇《祭鳄鱼文》，文中他严厉谴责鳄鱼的恶行，并警告它若再不离开，将受到严厉的惩罚。

随后，韩愈带领士兵和百姓来到鳄鱼经常出没的水域。他站在岸边，高声宣读祭文，言辞恳切，声震四野。宣读完毕后，他将祭文投入水中，以示对鳄鱼的正式警告。

令人惊讶的是，自从这次祭祀之后，恶鳄竟然真的再也没有出现过。

百姓们的生活恢复了往日的宁静，他们对韩愈的敬爱和感激之情溢于言表。韩愈的这一壮举，不仅解决了百姓的燃眉之急，更在民间传为佳话。

此外，据史书记载，韩愈在潮州任上还实施了许多惠民政策，如修筑水利、减轻赋税等，深受百姓爱戴。他的这些举措，与《祭鳄鱼文》的故事相得益彰，共同展现了韩愈作为一位杰出官员的智慧、勇气和担当。

三试终及第

韩愈的早年生活几乎与书卷为伴，日夜沉浸在文字中，不断磨砺着自己的学识与才华。但是尽管才华出众，他的科举之路并不一帆风顺。

《新唐书·韩愈传》记载，韩愈自十九岁起，便踏上了进士考试的征程。但是，命运似乎对他的考验格外严格，连续三次，他都未能进士及第，榜上无名。

这对于一心追求功名，渴望以文学济世的韩愈来说，打击是沉重的。但韩愈并未因此沉沦，相反，他更加坚定决心，不断充实自己。

时间到公元 792 年，韩愈第三次来到进士考试的考场。这一次，他终于脱颖而出，考中了进士。韩愈之后大唐也依然有数不清的人才，很多人也是一样屡试不第，人们总说连韩文公那样子的大才都三次才及第，而你不第又有什么好苦恼的呢？

讳辩辩讳

李贺是中唐时期的年轻俊才，其诗作深邃而富有想象力，广受赞誉。然而，命运却总是对他不公，由于他的父亲名为"晋肃"，按照当时的社会风气，一些人认为"晋"字冒"进士"之"进"讳，因此李贺应当遵循礼法，主动避讳这一字眼，这就意味着他纵使科举成绩优秀，他无法进士及第，无缘仕途。

韩愈画像

面对这样的荒谬，韩愈挺身而出，对李贺的遭遇表示了愤慨。避讳虽为传统，但应适度而行，更不能因一字之差而扼杀一个人的才华与未来。于是，他撰写了《讳辩》一文，为李贺辩护。

在《讳辩》中，韩愈不仅详细阐述了避讳制度的起源和演变，更明确指出避讳不应过于苛刻,也在其中讽刺道,如果父亲的名字有晋就不能做进士,那有仁的是不是都不能做人了。他强调,避讳的目的是尊重长辈,但绝不能成为限制人才发展的枷锁。

《讳辩》一文问世后,迅速在文坛上引起了广泛的关注与讨论。韩愈的勇敢行为,不仅是对李贺个人命运的关怀,更是对当时社会风气的一次有力挑战。

尽管最终未能直接改变李贺落榜的结局,但韩愈所展现出的正义感与勇气,却赢得了人们的普遍尊敬。他的行动,如同一股清流,冲刷着陈规陋习,为后世树立了勇于担当、不畏强权的典范。

经纶满腹

韩愈是唐代文坛的宗师级人物,其文学成就跨越诗歌、散文、赋等多个领域。在散文领域,韩愈的作品以内容充实、逻辑严密而著称。以《师说》为例,他开篇即明确提出"师者,所以传道受业解惑也",简洁明了地阐述了他心中的师者的样子。文中,他进一步通过历史典故和个人见解,深入剖析了师道传承的必要性,语言精练,结构严谨,使得这篇散文不仅成为教育理论的重要参考,更展现了韩愈对儒学教育的深刻理解。

诗歌方面,韩愈同样有着不俗的成就。他的诗歌风格雄浑豪放,气势磅礴,如《左迁至蓝关示侄孙湘》中,"一封朝奏九重天,夕贬潮州路八千",寥寥数语,便勾勒出了他因直言进谏而被贬谪的悲壮历程。同时,他的诗歌也充满了对自然、人生和社会的独到感悟,如《早春呈水部张十八员外》中的"天街小雨润如酥,草色遥看近却无",以细腻的笔触描绘了早春的景象，给人以清新自然、意境深远的美感享受。

除了文学作品外，韩愈的儒学思想也影响深远。他强调儒学的实用性和实践性，认为儒学不应仅仅停留在书本上，而应应用于实际生活中。这一思想在《原道》等作品中得到了充分体现，他通过深入剖析儒学的本原和道德规范，提出了将儒学思想与实际生活相结合的主张，为后世儒学的发展提供了重要思路。

韩愈的文学作品和儒学思想都展现出了他深厚的素养。到唐代的时候，儒学已经发展了千余年，风俗文化的变化，加上年代久远文籍难考，儒学变得缥缈和空大，而他强调了儒学的实用性和实践性，为后世儒学的发展注入了新的活力。

识才尊贤

文起八代之衰，而道济天下之溺；忠犯人主之怒，而勇夺三军之帅。

——苏轼《潮州韩文公庙碑》

【译】他的文章使八代以来的衰败文风得到振兴，对儒道的宣扬使天下人在沉溺中得到拯救；忠诚到犯了皇上的恼怒，勇敢到能夺取三军统帅的权威。

韩氏之文，之道也。

——欧阳修《六一诗话》

【译】韩愈的文章，就是儒道（的体现）。

韩　愈

韩愈唐之名士，天下望以为相，而竟不用，谈者至今眦为谤。

——韩琦

【译】韩愈是唐朝的名士，天下人都期望他能担任宰相，然而最终却没被任用，谈论的人至今仍因此替他抱憾不平。

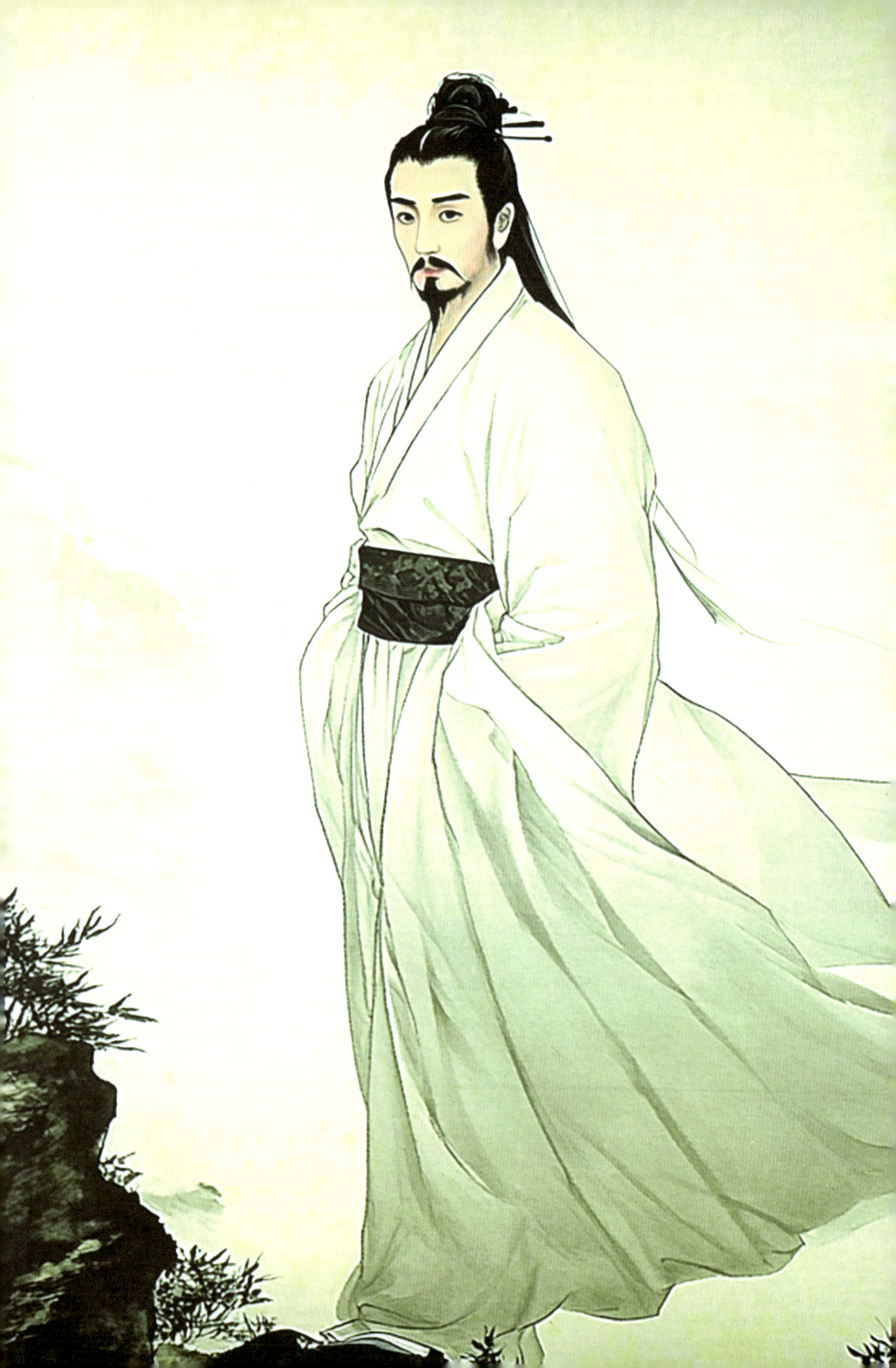

乐天知命，长安难居 ——白居易

他是唐代三大诗人之一

他与元稹并称『元白』

他是唐代伟大的现实主义诗人，他的作品反映社会现实，深受民众喜爱

中国古代才子

凤鸣朝阳

白居易（公元772年—公元846年），字乐天，号香山居士，出生于山西太原的一个小官僚家庭。自幼聪明好学，他的父亲白季庚虽官职不高，但家中藏书丰富，为他提供了良好的学习环境。

青少年时期的白居易，精通儒家经典，还广泛涉猎历史、哲学等领域。他的诗歌创作始于这个时期。之后师从诗人顾况，得到其指点后，诗歌技艺更是大进。之后，白居易又不断游历，广泛接触社会，从民间故事中汲取素材。

雅趣横生

投诗顾况

白居易初至长安，心怀壮志，欲以诗才博取功名。彼时，他携带着自己的诗作《赋得古原草送别》，希望能以此作为敲门砖，求得仕途的起点。他选择了顾况作为自己的引荐人，顾况时任著作（唐代确有职位著作，全称为著作佐郎）一职，于诗坛颇有声望，是众多士子渴望得到认可的前辈。

白居易

初见顾况时，白居易心中难免忐忑。顾况看见白居易姓名，玩笑道："米价方贵，居亦弗易！"言下之意，长安生活成本高昂，连安居都不易，更何况是求取功名呢？

当顾况开始品读《赋得古原草送别》时，他的态度逐渐发生了变化。特别是读到"野火烧不尽，春风吹又生"这两句时，顾况的眼中闪过一抹惊喜。这两句诗以草原之火比喻人生磨难，而春风则象征着希望与新生，寓意深刻，意境广阔。

顾况不禁大为赞赏，连声赞叹："道得个语，居即易矣！"意指能写出这样的诗句，想要在长安立足也并非难事。随即，顾况不仅在自己的圈子里广为传诵白居易的诗作，还亲自为其延誉，引荐给其他文坛名流。

得益于顾况的赏识与推荐，白居易的名字开始在长安城内迅速传播开来，他的诗作也被更多人所知。

句传鸡林

唐代时，新罗（今韩国，古称鸡林）与唐朝的贸易往来频繁，白居易的诗歌在新罗备受推崇，成了商人们争相搜集的珍宝。

每当新罗的商人来到唐朝进行贸易时，他们都会尽力搜集购买白居易的诗篇。他们听说，自己国家的宰相甚至愿意出价百金来换取一篇白居易的诗作。而且，新罗的宰相具备鉴别真伪的眼力，即便是伪托之作，也无法逃过他的法眼。

元稹作为白居易的挚友，对白居易诗作的广泛流传深有感慨。他曾赞叹道："自篇章已来，未有如是流传之广者。"这句话是对白居易诗作流传之广的肯定，也是对其文学成就的高度评价。

莫道桑榆晚

公元836年,六十四岁的白居易已经送别了好友元稹五年之久。而他的身体日渐衰弱,眼睛和腿脚都出现了问题,看书、行动都变得异常困难。内心的消极与悲观情绪如同阴霾,难以驱散。

然而,命运似乎并不打算让他一直沉浸在孤独与哀愁之中。好友刘禹锡,以太子宾客的身份,分司东都洛阳,并且在白居易家的旁边购置了房产,两人的晚年生活因此有了更多的交集。

秋日的午后,阳光在庭院里斑驳,白居易又一次感受到了岁月的无情。他提起笔,将自己的老病之感和消极心态化作了一首诗:"眼涩夜先卧,头慵朝未梳。有时扶杖出,尽日闭门居。懒照新磨镜,休看小字书。"不难看出,白居易对衰老和病痛的无奈与感慨。

刘禹锡沉思良久,写下了一首《酬乐天咏老见示》:"人谁不顾老,老去有谁怜。身瘦带频减,发稀冠自偏。废书缘惜眼,多灸为随年。经事还谙事,阅人如阅川。细思皆幸矣,下此便翛然。莫道桑榆晚,为霞尚满天。"

刘禹锡的诗如同一股清泉,滋润着白居易苍老的心。

他读着刘禹锡的诗句,仿佛看到了老友在向他招手。尤其是这句"莫道桑榆晚,为霞尚满天",读罢,或许就会觉得老之将至,并没有那么可怕,而是另一种风采。

白居易画像

白居易

从此，白居易和刘禹锡的诗歌唱和更加频繁。他们不再只是谈论诗词歌赋，更多的是分享生活的感悟和对未来的憧憬。两位老人在晚年的时光里，找到了彼此的慰藉和依靠。

经纶满腹

白居易的诗歌创作广泛涉及社会现实与个人情感两大领域。在反映社会现实方面，他以《秦中吟》等讽喻诗为代表，深刻揭露社会不公与腐败。而在抒情领域，如《长恨歌》，他则以细腻的笔触刻画了唐玄宗与杨贵妃的爱情悲剧。

白居易的诗歌风格平易近人，通俗易懂，这使得他的作品得以广泛流传。他坚持"文章合为时而著，歌诗合为事而作"的诗歌理论，强调诗歌应服务于时代与现实。

他的诗歌成就得到了后世的广泛认可，作品被收录在《白氏长庆集》中，对后世文学创作产生了重要影响。

此外，他在文学批评和散文创作方面也表现出色，见解独到，语言流畅，思想深邃，深受后世推崇。

他曾任翰林学士、左赞善大夫等职，但因直言敢谏而多次遭贬。然而，无论身处何地，他都心系百姓，用诗歌表达对民生疾苦的关怀和对社会现实的思考。作为唐代文学的重要人物，白居易以丰富的诗歌作品、独特的诗歌风格、卓越的文学才华和多种才能，在文学史上留下了深刻的印记，为唐代文学增添了光彩。

中国古代才子

识才尊贤

臣观元之制策,白之奏议,极文章之壶奥,尽治乱之根荄。非徒谣颂之片言,盘盂之小说。就文观行,居易为优。放心于自得之场,置器于必安之地。优游卒岁,不亦贤乎!

——刘昫《旧唐书》

【译】我观察过元稹的制策和白居易的奏议,它们都是文章的极致,深入探讨了治乱的根本。这些作品不仅仅是一些谣言之辞或琐碎的小说片段。从文采和品行来看,白居易更为优秀。他能在自得之场中放心遨游,将自己的才能置于安稳之地。一生悠然自得,这样的生活态度难道不是非常贤明的吗?

观居易始以直道奋,在天子前争安危,冀以立功。虽中被斥,晚益不衰。当宗闵时,权势震赫,终不附离为进取计,完节自高。而稹中道徼险得宰相,名望浸然。呜呼!居易其贤哉!

——欧阳修、宋祁等《新唐书》

【译】白居易起初以正直之道奋发努力,在天子面前争论国家安危,希望以此立功。虽然他中途被贬斥,但晚年声望并未衰减。在李宗闵权势显赫的时候,白居易始终没有依附他以求进取,保持了自己的高尚节操。而相比之下,元稹虽然中途通过冒险手段获得了宰相的职位,但其名望却大打折扣。唉!白居易真是贤能之人啊!

白居易

公诗以六义为主,不赏艰难。每成篇,必令其家老妪读之,问解则录。后人评白诗"如山东父老课农桑,言言皆实"者也。

——辛文房《唐才子传》

【译】白居易的诗歌以"六义"为主,他不追求艰难深奥的表达。每当完成一篇诗作,他必定会让家中的老妇人朗读,如果她能理解,他就会将这首诗记录下来。后人评价白居易的诗歌就像"山东的父老教导农桑之事,每一句话都实实在在"。

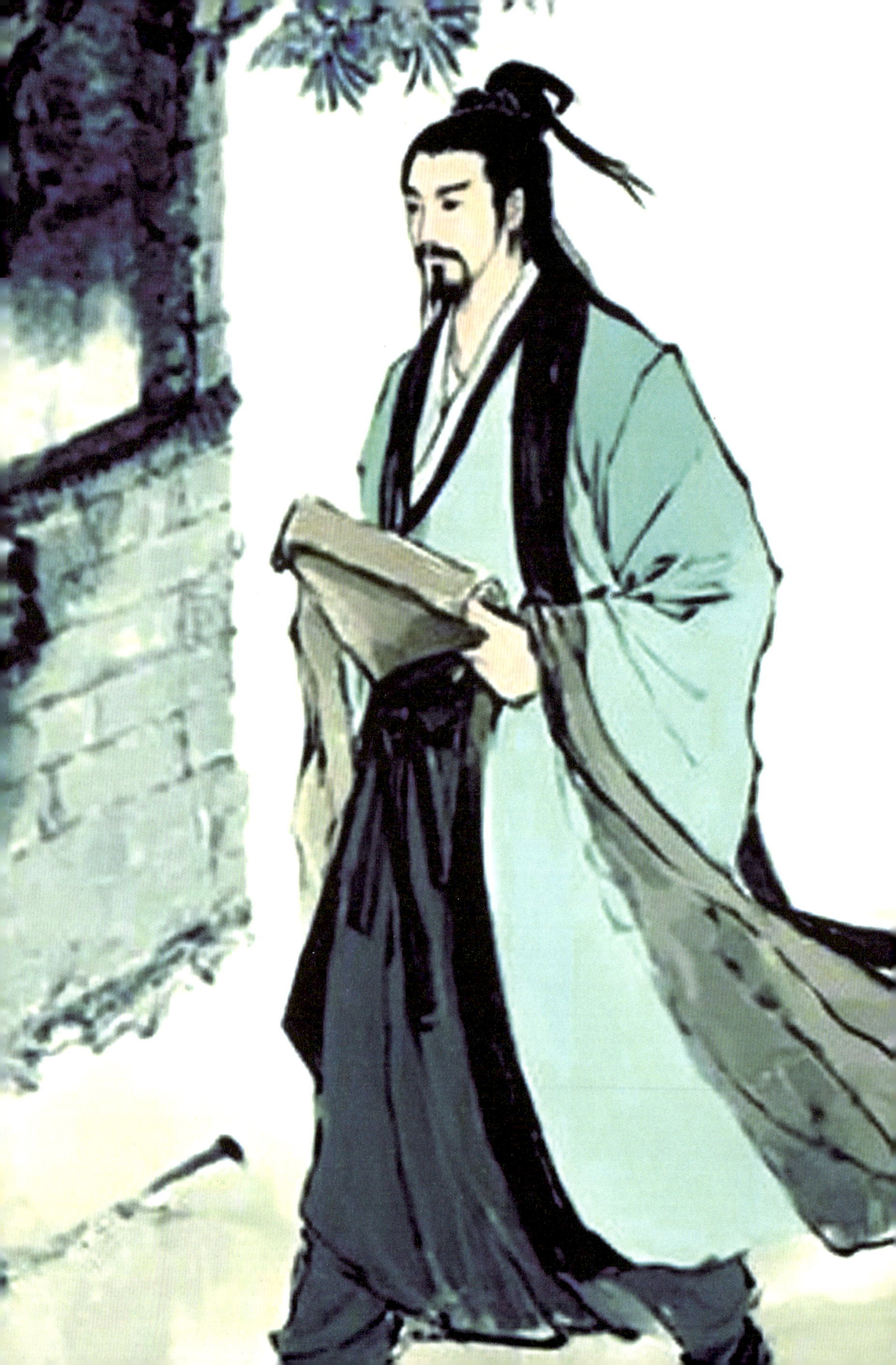

风流才子,白衣卿相 ——柳永

他是婉约派词风的代表人物

他是中国历史上第一位职业词人

他是宋词史上创作词调最多的词人

凤鸣朝阳

柳永（约公元984年—约公元1053年），原名三变，字景庄，后改名柳永。他出生于福建崇安（今武夷山市），籍贯为河东（今属山西）。柳永出身于官宦世家，其父柳宜曾任北宋官员，官至工部侍郎，伯父柳宣亦是进士出身。

柳永的幼年与少年时期在崇安度过，受家庭熏陶，自幼便对文学产生了浓厚的兴趣。青少年时期，他开始广泛涉猎诗词，并逐渐形成了自己独特的创作风格。青年时代的柳永，正值北宋经济繁荣、文化昌盛的时期。这为他的文学创作提供了丰富的素材和广阔的舞台。

雅趣横生

奉旨填词

柳永的词作情感丰富，韵律优美，在当时社会赢得了广泛的传诵与赞誉。宋仁宗，早年也曾为柳永的词作所吸引，颇为赞赏。

然而，随着时间的推移，宋仁宗的治国理念发生了变化。他开始更加注重儒雅之风，对柳永偏好艳情描绘的词风产生了不满。这种不满在进士放榜

柳 永

的时刻达到了高潮。

当时，宋仁宗审视着进士名单，柳永的名字赫然在列。他脑海中不禁浮现出柳永那句"忍把浮名，换了浅斟低唱"（《鹤冲天·黄金榜上》）的词句，心中涌起一股不悦。于是，他淡淡地说道："既然想要'浅斟低唱'，又何必在意这虚名呢？"言罢，他刻意将柳永的名字从榜单上划去，这一举动无疑给柳永的仕途永久地关上了窗。

这一事件在朝野引起了轩然大波。有人为柳永鸣不平，认为他才华横溢，理应得到重用。也有人认为宋仁宗的做法是出于对儒雅之风的维护，是对艳情词风的打压。

宋人严有翼在他的著作中也详细记载了此事。

柳永画像

他提到，有人曾怀着满腔热忱向宋仁宗推荐柳永，希望他能得到应有的重用。然而，宋仁宗却只是淡淡地回复说："且去填词。"这四个字，如同一道冰冷的敕令，将柳永的仕途之梦彻底击碎。

面对这样的打击，本就失意的柳永更加沉沦。他开始频繁出入于歌馆酒楼之中，用他那才华横溢的词笔，为世人谱写出一首首诗篇。他的词作更加贴近生活，更加富有情感，深受人们的喜爱。同时，他也自号为"奉圣旨填词柳三变"，以一种戏谑而又无奈的方式，表达了自己对命运的抗争与接受。

凡有井水出，即能歌柳词

据叶梦得的《避暑录话》详细记载，在教坊之中，每当乐工们新得曲调，总是第一时间向柳永求助，渴望他能为这些曲调注入生动的歌词。柳永以其敏锐的感知和卓越的文采，总能精准地捕捉曲调的情感，为之填上恰到好处的歌词，使得歌曲更加婉转动人。

因此，唯有经过柳永填词的歌曲方能迅速流行于世，他的名声也因此一时广为传播。

叶梦得在丹徒担任官职期间，曾偶遇一位从西夏归来的官员。这位官员在交谈中提及柳永的词作，赞叹之情溢于言表："凡有井水处，即能唱柳词。"这句话不仅充分说明了柳永词作的普及程度和受欢迎程度，更凸显了他在宋词发展中的重要地位。无论是在繁华喧嚣的城市，还是偏远宁静的乡村，只要有人的地方，就能听到柳永的词被传唱，他的才华和影响力可见一斑。

锐评苏柳

《历代诗余》引俞文豹《吹剑录》记载了一则关于苏轼与其幕士之间饶有趣味的对话。

那时，苏轼正身居翰林院，周围聚集着一群才华横溢的幕士，其中一位幕士歌声悠扬，尤为出色，深得苏轼的喜爱。

某日，翰林院中气氛轻松愉悦，苏轼与幕士们围坐一堂，谈笑风生。苏轼忽然心血来潮，眼神中闪烁着好奇，他向那位擅长唱歌的幕士问道："我的词与柳永的词相比，你觉得如何呢？是否有可比性？"幕士听后，微微一愣，随即陷入沉思。

经过一番深思熟虑，幕士终于开口答道："柳郎中（柳永）的词，风格细腻，情感丰富，宛如一位十七八岁的女郎，手持红牙板，在月下花前轻吟'杨柳岸、晓风残月'，那份柔情蜜意，仿佛能渗透到人的心田，令人陶醉不已。而学士（苏轼）的词，则气势磅礴，意境深远，犹如一位关西的大汉，手持铜琵琶、铁绰板，高声唱出'大江东去'，那份豪迈与激情，如同翻涌的江水，同样令人震撼不已。"

苏轼听后，哈哈大笑。他知道自己的词风与柳永截然不同，各有特色，各有拥趸。这次与幕士的对话，让他对自己的词风有了更深的认识和理解。他笑道："你果然是个懂词之人！我的词与柳永的词各有千秋，你的见解独到，我十分欣赏。"

从此，苏轼对这位幕士更加赏识，两人在诗词创作上也有了更多的交流和合作。这段趣事也成了翰林院中的一段佳话，流传至今，成了人们茶余饭后的谈资。

经纶满腹

柳永的词作数量丰富，流传至今的约有 213 首，其中不乏《雨霖铃》《八声甘州》《望海潮》等脍炙人口的经典之作。他的词风以婉约细腻著称，尤其擅长于刻画市井瓦肆的生活与男女间的情感。

柳永在诗词上的成就很高，他极大地丰富了词的题材和内容。在柳永之前，词主要被用于描绘高雅的宫廷生活和文人雅士的情感。然而，柳永却将词从这种高雅的殿堂引向了市井生活，他笔下的词作充满了对百姓生活的热爱和对男女情感的描绘。这种对市井生活的关注，使得词更加贴近民众，更加富有生活气息，也极大地扩展了词的题材和内容。

区别于当时的其他词人，柳永是失意的，就像他笔下的那些烟尘女子，柳永的失意来自科举无果，来自作品中俚俗并不被主流认可，文人治国的北宋，雅俗贵贱之间有着天然的隔阂，这使得他更能体会，这些歌伎浮华生活下的不幸，梦华之外，她们又何尝不渴望平凡的生活。

有人用文字来考取功名，换得经国济世，而柳永换不得功名，只能将笔墨浸染在烟花深处，传唱这些落寞者的凄凉，为她们挥毫。

识才尊贤

予观柳氏文章，喜其能道嘉祐中太平气象，如观杜甫诗，典雅文华，无所不有。是时予方为儿，犹想见其俗，欢声和气，洋溢道路之间，动植咸若。令人歌柳词，闻其声，听其词，如丁斯时，使人慨然有感。呜呼，太平气象，柳能一写于乐章，所谓词人盛事之黼藻，其可废耶。

——黄裳《演山集》卷三十五《书乐章集后》

【译】我阅读柳氏的文章时，很喜欢他能够描绘出嘉祐年间那种太平盛世的气象，就像阅读杜甫的诗歌一样，既典雅又充满文采，无所不包。那时，我虽然还只是个孩子，但依然能够想象出那个时代的风俗民情，街道上洋溢着欢声笑语与和谐氛围，无论是动物还是植物都显得那么和谐美好。当人们唱起柳永的词时，听到那旋律，品味那歌词，就仿佛回到了那个时代，让人不禁感慨万千。唉，太平盛世的景象，柳永能够用乐章的形式将其记录下来，这无疑是词人中盛事的光彩装饰，是绝不应该被废弃的。

世言柳耆卿曲俗，非也。如《八声甘州》云："霜风凄紧，关河冷落，残照当楼。"此真唐人语，不减唐人高处。

——晁补之《侯鲭录》卷七

柳 永

【译】世人常说柳耆卿（柳永）的词俗气，这其实是不对的。比如他的《八声甘州》中有这样一句："渐霜风凄紧，关河冷落，残照当楼"，这语言对于诗句来说，其意境之高并不逊色于唐人的佳作。

词曲者，古乐府之末造；然文章豪放之士，鲜不寄意于此者，随亦自扫其迹，曰浪谑游戏而已。柳耆卿后出，掩众制而尽其妙，好之者以为不可复加。

——胡寅《酒边词序》

【译】词曲，是古乐府发展到晚期的产物。然而，那些文章豪放、才华横溢的文士们，很少有不在这方面寄托心意的，但他们往往也会自我掩饰，说这只是随性的玩笑和游戏而已。柳耆卿（柳永）后来出现，他的作品超越了前人的所有创作，展现了词曲的美妙之处，喜爱他的人认为他的作品已经达到了无法再超越的境界。

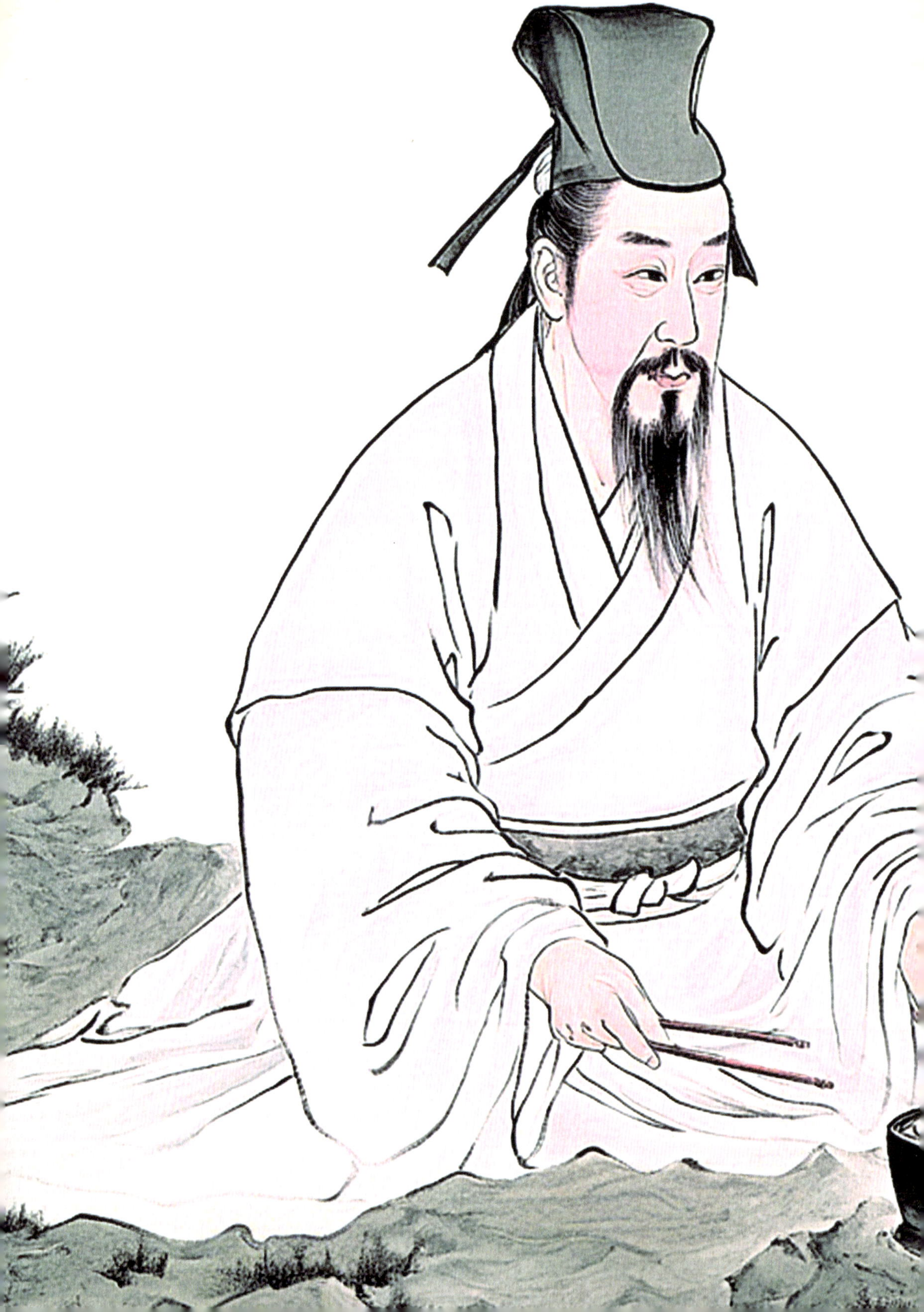

文曲转世，坎坷人生 ——苏轼

他是北宋文坛的领军人物，诗词文赋皆精通

他在书法上自创『苏体』，影响深远

他仕途坎坷却生活态度乐观豁达

中国古代才子

凤鸣朝阳

苏轼（公元1037年—公元1101年），字子瞻，号东坡居士，是中国北宋时期著名的文学家、书法家、画家、政治家，更是"唐宋八大家"之一。他出生于四川眉山，籍贯为河北栾城，是苏洵的长子，苏辙的兄长，父弟三人并称"三苏"。

苏轼的家庭背景深厚，其父苏洵是著名的散文家，也是"唐宋八大家"之一，其母程氏亦知书达理。

苏轼的幼年与少年时期，是在眉山度过的。他自幼聪明好学，深受家庭文化的熏陶。其父苏洵对他要求严格，不仅教授他诗文，还注重培养他的品德修养。在这样的教育环境下，苏轼逐渐形成了扎实的文学基础和良好的人格品质。

青年时期，苏轼随父进京应试，一举成名，开始了其仕途生涯。然而，他的仕途并非一帆风顺，多次因政治风波被贬谪。在被贬期间，苏轼并未消沉，而是将注意力转向了文学创作和书法研究。

他广泛阅读古今典籍，汲取各家之长，逐渐形成了自己独特的文学风格和书法风格。

苏 轼

雅趣横生

出人头地

公元1057年，嘉祐二年的科举被称为千年科举第一榜。在这场考试中，参加的不只有苏轼与苏辙，还有同样是"唐宋八大家"之一的曾巩，还有后来参加熙宁变法的曾布，理学创始人程颢，写出横渠四句的张载，都在这次的进士科里脱颖而出。

当时，文坛领袖欧阳修正引领着一场诗文革新运动，他强调文章应当明道致用，反对那些空洞无物、华而不实的浮夸文风。这一主张，无疑为当时的文学创作指明了新的方向。

苏轼的试卷，以其独特的洒脱豪放和浑厚的文章风格，在众多考生中脱颖而出，吸引了欧阳修的注意。欧阳修在阅读苏轼的文章时，被其才华打动，原本有意将其点为状元。然而，由于试卷的密封性，欧阳修误将这份佳作当作了自己得意门生曾巩的作品。为了避免可能的争议，他最终决定将苏轼列为第二名。

当真相大白后，欧阳修对苏轼的才华给予了极高的评价。他向老友梅尧臣赞叹道："读苏轼的文章，让我汗流浃背，心中感到无比的畅快！我这位老夫应当避让一路，让他有更大的发展空间。"这番话，后来被人们传颂为成语"出人头地"，寓意着应当为有才华的青年让路，让他们能够充分发挥自己的才能。

苏轼的这次科举经历，不仅展现了他的卓越才华，也体现了欧阳修作为文坛领袖的宽广胸怀和对后辈的殷切期望。这一故事,成了后世传颂的佳话,激励着无数青年才俊勇攀文学高峰。

治河救民

公元 1077 年,苏轼担任徐州知州的职务。这一年,黄河在曹村地段突发决口,汹涌的洪水迅速蔓延,对徐州城构成了极大的威胁。

面对突如其来的灾害,苏轼迅速行动起来。他首先着手稳定民心,通过发布公告和亲自走访,向民众传达了抗洪的决心和信心。在稳定了民心之后,苏轼立即寻求驻守禁军的协助,共同应对这场危机。

在苏轼的带领下,徐州军民齐心协力,开始筑造一条东南向的长堤。他们日夜奋战,不畏艰难,终于成功地将洪水疏导进入了黄河故道,有效地缓解了洪水对徐州城的威胁,使得城池得以保全。

洪水过后,苏轼并未松懈。预防胜于救灾,他着手组织修建木堤,以增强防洪能力。同时,他还主持修建了黄楼,这座建筑不仅具有实用功能,还成了徐州城的一道亮丽风景线,象征着苏轼与民众共同抗洪的胜利。通过苏轼的果断决策和有效组织,徐州城成功抵御了洪水的侵袭。他的英勇行为和卓越领导才能,赢得了民众的广泛赞誉和尊敬。

河东狮吼

元丰三年,即公元 1080 年,苏东坡因"乌台诗案"被贬至黄州,担任团练副使一职。在此期间,他意外地与陈季常相遇,两人志趣相投,迅速结下了深厚的友谊。

陈季常,号方山子,别号龙丘居士,其居所名为濯锦池,不仅宽敞豪华，而且家中蓄养了一群歌妓。每当有客来访，陈季常便以歌舞盛宴款待，场面热闹非凡，颇似今日之招待客人至歌厅娱乐。

然而，陈季常的妻子柳氏性情却颇为暴躁且善妒。每当陈季常欢歌宴舞之时，柳氏便会醋意大发，手持木杖大喊大叫，甚至用力敲打墙壁，令陈季常陷入尴尬境地。

苏东坡见状，便以诙谐之笔，写下了一首调侃陈季常的诗："龙丘居士亦可怜，谈空说有夜不眠。忽闻河东狮子吼，拄杖落手心茫然。"在这首诗中，苏东坡巧妙地运用了"河东"这一柳氏的郡望来暗指她，同时借用佛教中的"狮子吼"一词，比喻柳氏的威严之声。

后来，这个故事被宋代的洪迈记录在《容斋三笔》中，得以广泛流传。从此，"河东狮吼"这一典故便流传开来，成了形容妻子凶悍、丈夫畏妻的经典词汇。

经纶满腹

苏轼的才华不止在诗词上，书法绘画都涉猎很广诗词方面，苏轼的创作既有豪放派的大气磅礴，如《念奴娇·赤壁怀古》中对历史英雄的追忆与敬仰，通过"大江东去，浪淘尽"的壮阔景象，传达出对历史长河的深沉感慨；同时，他也有婉约派的细腻柔情，如《水调歌头·明月几时有》中，以

"明月几时有？把酒问青天"的浪漫提问，表达了诗人对人生哲理的探寻与对美好事物的向往。苏轼的诗词情感真挚，意境深远，巧妙融合个人情感与自然景物，形成了独特的诗歌魅力。

书法上，苏轼自创"苏体"，以行楷见长，笔画肥厚有力，结构严谨多变。他的作品，如《黄州寒食诗帖》，不仅展示了高超的书法技巧，更透露出淡泊名利、超然物外的人生态度。而在绘画方面，苏轼多以墨竹、怪石为题材，笔墨简洁明快，风格清新自然。他的作品不仅具有艺术价值，更蕴含了对人生哲理的深刻思考，展现了其全面的艺术才华和独特的审美视角。

此外，苏轼还是一位杰出的政治家和思想家。他关注社会现实，勇于担当，尽管仕途坎坷，但始终保持乐观豁达的心态。他的政治思想和人生哲学，都值得大家去学习借鉴。

苏轼作为一位全才，其文学、书法、绘画成就均卓越非凡。他的作品和故事被后人传颂研究，成为中华文化宝库中的珍贵遗产。通过深入了解苏轼的生平与艺术成就，我们不仅能领略到其独特的艺术魅力，更能感受到他深邃的人生智慧与豁达的人生态度。

识才尊贤

其于人，见善称之，如恐不及；见不善斥之，如恐不尽；见义勇于敢为，而不顾其害。用此数困于世，然终不以为恨。

——苏辙《亡兄子瞻端明墓志铭》

他对于别人，看见好的就称赞，好像生怕来不及赞美；看见不好的就斥

苏 轼

责,好像生怕不能彻底批判;看见正义的事情就勇敢地去做,而不顾及个人可能遭受的祸害。他因此多次遭受困窘,但始终不认为这是遗憾。

苏轼讥讽朝政,其学问文章之气,郁郁葱葱发于笔墨之间,此所以他人终莫能及尔。

——《宋史·苏轼传》

【译】苏轼虽然讥讽朝政,但他的学问和文章之气却郁郁葱葱地表现在笔墨之间,这就是为什么其他人终究无法赶上他的原因。

三代以下诗人,无过屈子、渊明、子美、子瞻者。此四子者,若无文学之天才,其人格亦自足千古。故无高尚伟大之人格,而有高尚伟大之文章者,殆未有之也。

——王国维《文学小言》

【译】夏商周三代以后的诗人中,没有人能够超过屈原、陶渊明、杜甫和苏轼的。这四位诗人即使没有文学上的天赋才华,他们的人格也足以流传千古。因此,没有高尚伟大的人格而能写出高尚伟大的文章的人,几乎是没有的。

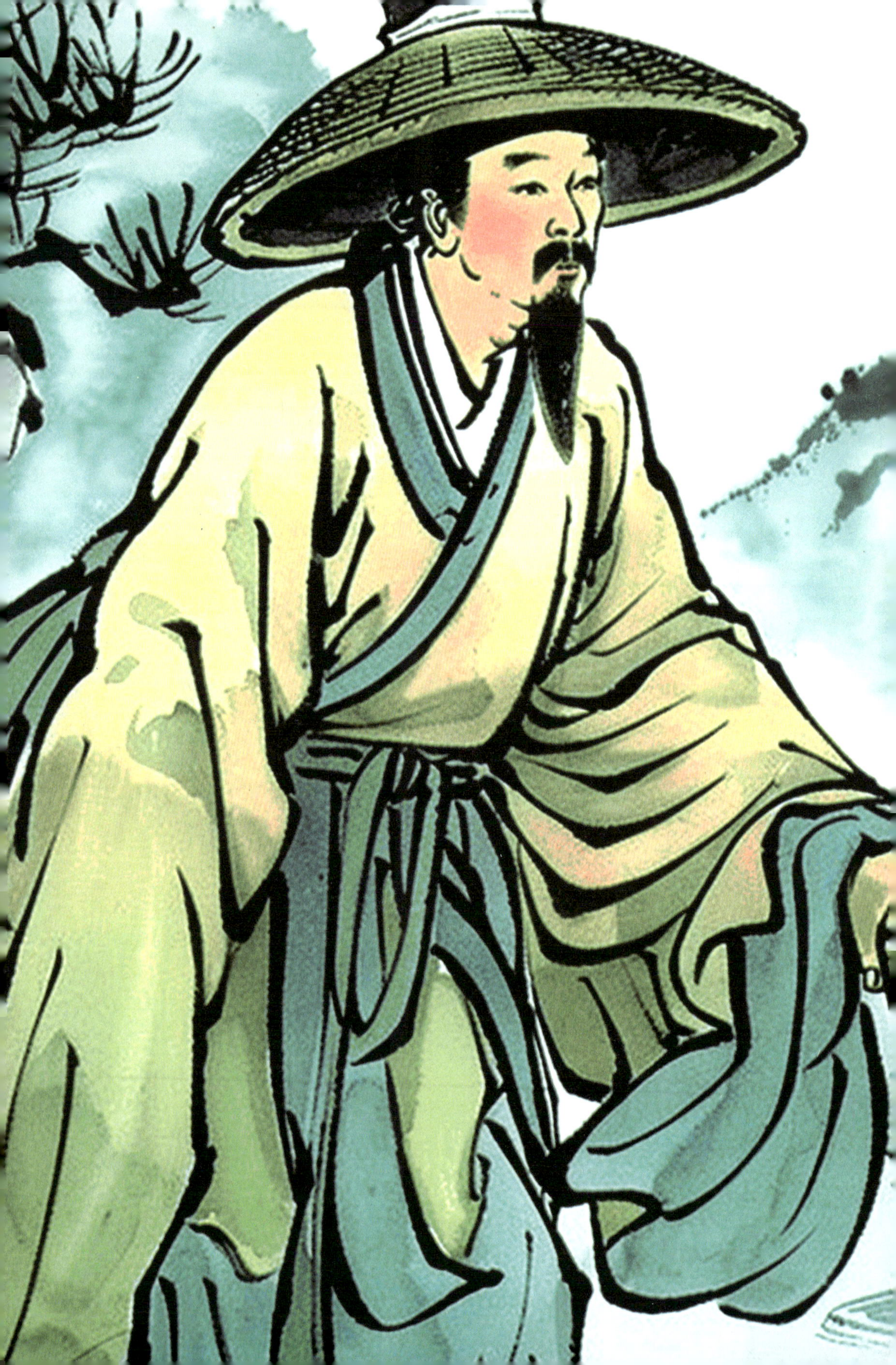

纸上得浅，事事躬行

——陆游

他是诗人还是史学家

他是现在存世作品最多的诗人之一

他是"死去元知万事空，但悲不见九州同"的爱国诗人

中国古代才子

凤鸣朝阳

陆游（公元1125年—公元1210年），字务观，号放翁，越州山阴（今浙江绍兴）人，南宋时期文学与史学的双重巨擘，更是一位满腔热血的爱国诗人。他出生于一个书香门第，家族世代为官，祖父陆佃更是北宋时期的名臣与学者，这样的家庭环境为陆游提供了丰富的文化滋养和深厚的爱国情怀。

陆游的少年时代，正值北宋灭亡、南宋初建，家国的动荡与民族的屈辱深深烙印在他的心中。

他自幼便勤奋好学，立志报国，期望有朝一日能以文治国，恢复中原，但是他的入仕之路并非坦途。在宋高宗时期，他因才华横溢而参加礼部考试，却不幸遭遇权臣秦桧的排挤，仕途受阻。直到宋孝宗即位，他才得以赐进士出身，开始担任一系列官职，如福州宁德县主簿、敕令所删定官等。不过他的抗金主张屡屡遭到主和派的打压，导致他的仕途更加的风雨飘摇。

陆　游

雅趣横生

沈园诗谜

陆游与表妹唐琬的婚姻因家族和生育的压力而走向破裂，两人被迫分离，各自另组家庭。陆游娶了王氏为妻，而唐琬则改嫁给了同郡的赵士程。岁月流转，转眼间，十多年已经过去。

一个春日，陆游独自来到沈园，这个曾见证他与唐琬甜蜜时光的地方。不期然间，他遇见了唐琬与赵士程夫妇。旧日的情感在心头翻涌，陆游心中五味杂陈，却无从言说，只能借诗词抒发内心的情感。他挥毫泼墨，在沈园的墙壁上题下了那首钗头凤》："红酥手，黄縢酒，满城春色宫墙柳。东风恶，欢情薄。一怀愁绪，几年离索。错、错、错。春如旧，人空瘦，泪痕红浥鲛绡透。桃花落，闲池阁。山盟虽在，锦书难托。莫、莫、莫！"

这首词，字字泣血，句句断肠，表达了陆游对往昔美好时光的怀念，以及对现实无奈的哀叹。它没有华丽的辞藻，却字字深情，句句真挚，让人读之不禁为之动容。

唐琬见到这首词后，心中也涌起波澜。她知道这首词是陆游为她而写，是对他们过去情感的深深怀念。她凝视着墙上的字迹，仿佛看到了陆游那无奈的眼神。片刻之后，她提笔和了一首《钗头凤》："世情薄，人情恶，雨送黄昏花易落。晓风干，泪痕残。欲笺心事，独语斜阑。难、难、难。人成各，今非昨，病魂常似秋千索。角声寒，夜阑珊。怕人寻问，咽泪装欢。瞒、瞒、瞒！"

唐琬的词中，同样充满了对世态炎凉的感慨，对命运无常的无奈，以及对这段深情厚谊的深深怀念与不舍。她的笔触细腻，情感真挚，与陆游的词遥相呼应，共同构成了一段凄美的爱情传奇。命运似乎总爱捉弄有情人。此次重逢之后不久，唐琬便因忧郁过度而离世。陆游得知消息后，悲痛欲绝。他多次来到沈园，凝视着墙上的两首《钗头凤》，但是故人却早就不在了。而沈园也因此成为这段凄美爱情故事的永恒见证。

献策北伐

绍兴三十二年（公元 1162 年），宋孝宗赵昚登基，对陆游颇为赏识，任命他为枢密院编修官，并赐予进士出身。陆游不负所望，上呈疏文，提出应整顿吏治军纪，坚守江淮防线，并逐步图谋中原的收复。但是此时的孝宗正沉浸在宫中的欢娱之中，对陆游的建议并未给予足够的重视。得知此事后，陆游选择向大臣张焘透露了孝宗的态度。张焘闻言，毅然入宫质问孝宗，这一举动也导致陆游被调任为镇江府通判。

第二年隆兴元年，宋孝宗任命张浚为都督，主持北伐事宜。陆游再次挺身而出，向张浚上书，建议应提前规划长远战略，切勿轻率出兵。但张浚未能完全采纳陆游的意见，派遣大将李显忠、邵宏渊领兵出击。虽然初期收复了灵壁、虹县，并进据符离，但由于李显忠与邵宏渊之间的不和，宋军最终遭遇了惨败，即符离之战。此战后，朝廷中偏安一隅的论调愈发强烈。张浚因此上疏请罪，被贬为江淮宣抚使。

次年春天，即隆兴二年，陆游在镇江任上偶遇张浚。他再次向张浚提出北伐的建议，并得到了张浚"志在恢复"的高度评价。但是朝廷却即将与金朝签订"隆兴和议"，陆游深感忧虑，他上书东西两府，建议皇上应驻扎在建康或临安以外的地点，以策应未来可能的变故。他指出，建康自古以来就是江东的重镇，而临安则因地理位置的局限，存在诸多不便。同时，他还提

陆　游

醒朝廷应警惕龙大渊、曾觌等权臣的私党行为，认为他们正迷惑朝廷，若不及时铲除，将后患无穷。这一建议却触怒了孝宗，陆游再次被贬为建康府通判。

乾道元年，陆游的仕途再次发生变动，他被调任为隆兴府通判。好景不长，有人向朝廷进言，称陆游结交谏官、鼓吹是非，并力劝张浚用兵。这些指控导致陆游的官职被罢免，他再次陷入了人生的低谷。

临终示儿

嘉泰三年（公元1203年）五月，陆游回到了山阴。此时，浙东安抚使兼绍兴知府辛弃疾特地前来拜访，两位志同道合的老友坐在一起，深入交谈，共同探讨国家大事。辛弃疾注意到陆游的住宅颇为简陋，便多次提出要为他修建更加舒适的田舍，但陆游都婉言谢绝了。

第二年，辛弃疾接到朝廷的召见，即将入朝为官。陆游为此作诗相送，诗中充满了对辛弃疾的勉励之情，希望他能在朝廷中发挥才干，协助韩侂胄谨慎用兵，共同推动复国大计的早日实现。

时间又过了两年，到了开禧二年，韩侂胄请宁宗下诏，决定出兵北伐。陆游得知这一消息后，内心激动不已，对北伐充满了期待。宋军在经过充分准备后，出师顺利，相继收复了泗州、华州等地。然而，韩侂胄在用人方面却出现了失误，吴曦等人暗中与金朝勾结，按兵不动，甚至图谋割据。陆游多次写诗催促吴曦行动，但吴曦却置若罔闻。不久之后，西线吴曦叛变，东线丘崈又主张和谈，韩侂胄逐渐陷入孤立无援的境地。

到了开禧三年十一月，局势发生了剧变。史弥远发动政变，诛杀了韩侂胄，并遣使携带韩侂胄的头颅前往金国，与金国签订了"嘉定和议"，北伐就此宣告彻底失败，陆游得知这些消息后，内心悲痛欲绝。

两年后的嘉定二年（公元1209年）秋天，陆游由于长期忧愤国事，身体状况日益衰弱。入冬后，他的病情更是日益加重，最终卧床不起。临终之际，他留下了绝笔诗《示儿》作为遗嘱，表达了他对未能亲眼看到国家统一的深深遗憾，以及对子孙后代的殷切期望："死去元知万事空，但悲不见九州同。王师北定中原日，家祭无忘告乃翁。"写下这首诗后的陆游就离开了人间，享年八十五岁。而北方的故土还在被侵占，也许他真的相信就在未来不远，就会驱除鞑虏收复中原，只是历史的走向并没有按照陆游的想法走去，他离开时的大宋已经是最好的大宋了。

经纶满腹

陆游作为南宋文坛的杰出代表，其作品不仅承载着深厚的爱国情怀，更展现出多样化的文学风格与个性魅力，通过细腻的笔触和丰富的情感表达，为我们勾勒出一个多面而立体的文学形象。

在陆游的诗歌创作中，两首《十一月四日风雨大作》是一个极具代表性的例子，它巧妙地融合了诗人的爱国情怀与生活情趣。诗中，"夜阑卧听风吹雨，铁马冰河入梦来"一句，以风雨交加的夜晚为背景，将诗人的思绪引向战场，铁马冰河的画面不仅是对抗金战场的想象，更是陆游内心深处收复失地、恢复中原强烈愿望的映射，体现了其深沉的爱国情感与不屈的抗争精神。而"我与狸奴不出门"的描写，则以一种轻松幽默的方式，展现了陆游在日常生活中的另一面——对宠物的喜爱与陪伴，这种生活化的细节，使得诗人的形象更加亲切可爱，也让人感受到他作为普通人的一面。

除了《十一月四日风雨大作》，陆游的《游山西村》也是其诗歌风格的又一典范。这首诗以游记的形式，描绘了山西村的自然风光与田园生活，其中"山重水复疑无路，柳暗花明又一村"一句，不仅是对自然景观的生动描绘，更蕴含了深刻的人生哲理，体现了陆游面对困境时的乐观态度与坚忍不拔的精神。这种在逆境中寻找希望、在绝望中发现生机的思想，是陆游诗歌中常见的主题，也是其性格中积极向上、永不言败精神的体现。

在文学风格上，陆游的诗歌既有豪放一面，如《秋夜将晓出篱门迎凉有感》中"三万里河东入海，五千仞岳上摩天"的壮阔景象，展现了其宏大的视野与豪迈的气概；又有细腻温婉的一面，如《钗头凤·红酥手》中"红酥手，黄縢酒，满城春色宫墙柳"的细腻描写，表达了对爱情的深情与哀愁。这种风格的多样性，使得陆游的诗歌既有壮志凌云的豪情，又有柔情似水的细腻。

不难看出，陆游的作品以其深厚的爱国情怀、多样化的文学风格、丰富的意象运用以及深刻的哲理思考，为我们展现了一个，既坚忍不拔又充满柔情的文学巨匠形象。

识才尊贤

放翁老笔尤健，在当今推为第一流。

——朱熹《答巩仲至》

【译】陆游晚年文笔仍然雄健有力，在当今被推为第一流。

《三百篇》寂寂久，九千首句句新。譬宗门中初祖，自过江后一人。

——刘克庄《题放翁像》

【译】《诗经》已经沉寂很久了，而（陆游的）九千多首诗却每句都新颖独特。就像佛教宗门中的初祖，是自过江以来独一无二的人。

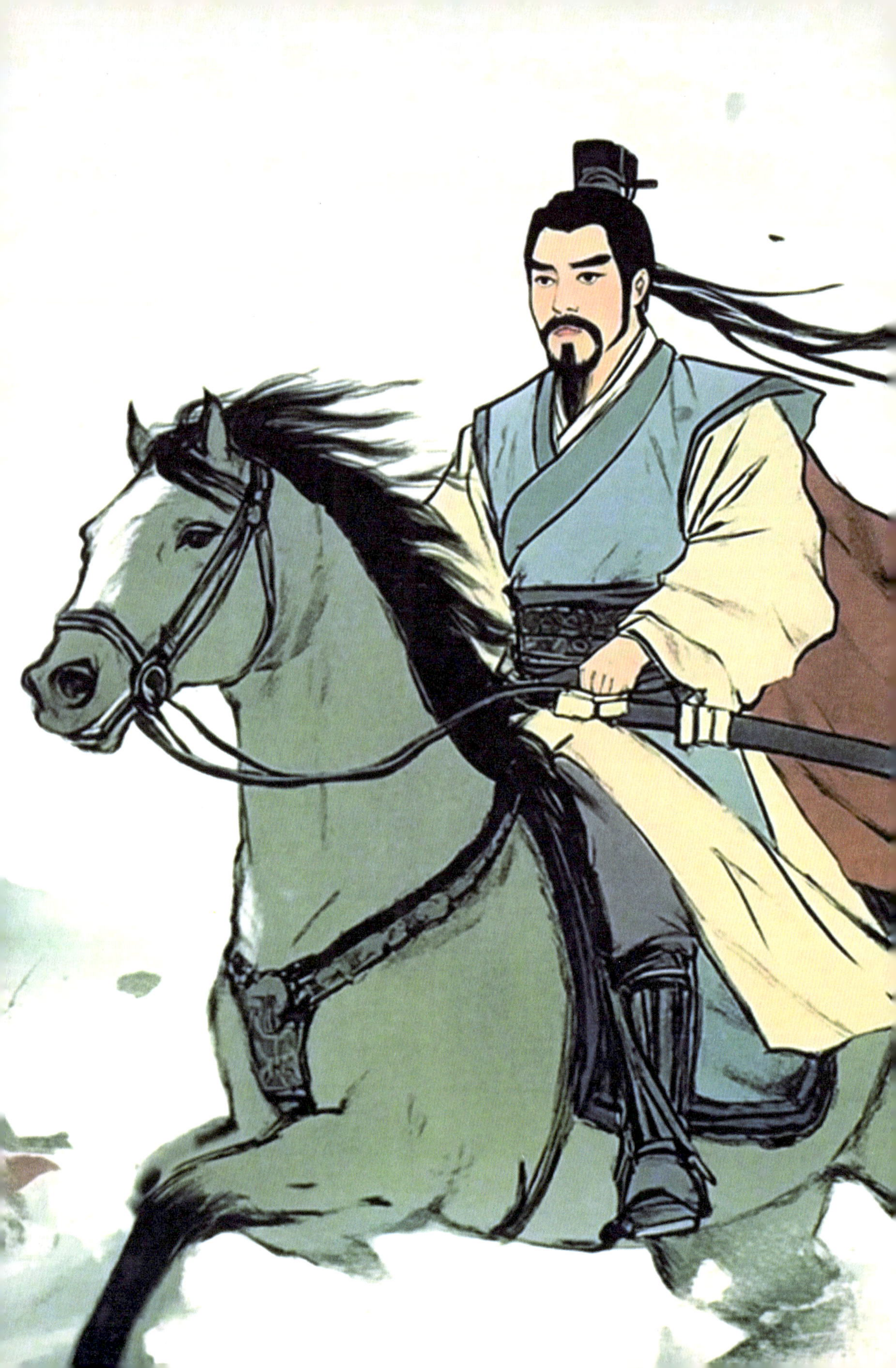

出将入相，词中之龙
——辛弃疾

他是南宋著名的爱国词人，作品充满豪情壮志

他曾是归正人，也是抗金义军的将领

他在文学上开创了豪放派词风，影响深远

中国古代才子

凤鸣朝阳

辛弃疾（公元1140年—公元1207年），字幼安，中年后别号稼轩。他出生于山东东路济南府历城县（今山东省济南市历城区），是南宋官员、将领、文学家，豪放派词人，有"词中之龙"之称。他的一生经历了南宋高宗、孝宗、光宗、宁宗四朝。

幼年与少年时期，正值金兵南侵，中原沦陷，他的家乡也未能幸免。在这样的环境下，辛弃疾从小就目睹了金人的残暴和百姓的苦难。他的祖父辛赞虽在金国任职，但心系故国，常向辛弃疾讲述宋金之间的恩怨和汉族的历史，激发了他对故国的热爱和对金人的仇恨。

青年时期，辛弃疾毅然投身抗金斗争，加入了耿京领导的起义军。在起义军中，他凭借出色的武艺和智谋，迅速崭露头角，成为耿京的得力助手。后来，他亲自南下归宋，将起义军的情况向南宋朝廷做了详细汇报，并得到了宋高宗的赏识和重用，他在各地任职期间，积极推行改革，兴修水利，减轻赋税，深受百姓爱戴。

同时，他还致力于文学创作，将自己的爱国情怀和英雄气概融入词作之中，形成了独特的豪放派词风。

辛弃疾

雅趣横生

义斩义端

在金帝完颜亮迁都燕京后，汉族民众的生活陷入了困境，反抗的情绪在民间悄然蔓延。不久，山东地区爆发了一场声势浩大的起义，领导者是耿京。在这场起义中，辛弃疾带着两千人马加入了耿京的队伍。因其出色的才能，辛弃疾被任命为掌书记，负责掌管军中的文书和帅印。

在辛弃疾加入义军之初，他曾引荐了一位名叫义端的和尚。这位和尚虽然身披袈裟，但行为放荡，不守清规。在义军中，义端无法忍受艰苦的生活，于是暗中策划了一场阴谋。他趁辛弃疾不备，盗走了帅印，打算以此作为投名状，投奔金营。

帅印的失窃引起了耿京的极大震怒，他立刻召见了辛弃疾，质问他为何会发生此事。辛弃疾知道帅印丢失的严重性，他坦然承认了自己的失误，并主动请缨，立下军令状，誓要追回帅印。

为了尽快找回帅印，辛弃疾带领一支小队，潜伏在通往金营的必经之路上。他们静静地等待着，直到拂晓时分，义端的身影终于出现在他们的视线中。辛弃疾眼疾手快，一声令下，小队成员迅速包围了义端。面对突如其来的围捕，义端惊慌失措，他认出了辛弃疾，连忙求饶道："我深知你英勇无双，力大无穷，将来必定成就一番大业。请你饶我一命，我愿意为你效犬马之劳。"

辛弃疾并未被义端的求饶所打动。毫不犹豫地挥刀，一刀将其斩于马下。随后，辛弃疾从义端的身上搜出了帅印，成功地将其追回。这次事件让耿京对辛弃疾的勇气和决断力刮目相看，他更加信任辛弃疾，并委以重任。

结识陈亮

宋朝的赵溍在《养疴漫笔》里讲了辛弃疾和陈亮（陈同甫）交朋友的故事。陈亮一开始只是听说辛弃疾很厉害，心里很佩服，就决定去找他。快到辛弃疾家的时候，碰到一座小桥，陈亮想骑马过去，但马三次都不敢过。陈亮一生气，就把马头给砍了，然后步行到了辛弃疾家门口。

辛弃疾那时候正靠在楼上往外看，看到这一幕吓了一大跳，赶紧派人去问是怎么回事，没想到陈亮已经到门口了。两人一见面就觉得特别投缘，成了好朋友。

后来，辛弃疾当了淮军的统帅，陈亮那边却遇到了麻烦。陈亮就去找辛弃疾，一起聊国家大事。喝着酒，辛弃疾就开始说宋金之间的利害关系，还提到钱塘不是皇帝长期待的地方，如果敌人占了牛头山，援兵就过不来了；如果把西湖的水放了，临安就危险了。

喝完酒，辛弃疾让陈亮住下，但陈亮担心辛弃疾酒醒了后悔说了这些话，怕他会杀了自己，就偷了辛弃疾的好马跑了。过了一个多月，陈亮给辛弃疾写信，问他借十万缗钱解围，辛弃疾很大方地帮了他。

时间过得很快，到了淳熙五年（公元1178年），辛弃疾和陈亮在临安又见面了。再过十年，淳熙十五年（公元1188年）冬天，陈亮从东阳跑到上饶北

辛弃疾画像

边的带湖，去找隐居在那里的辛弃疾。他们聊得很开心，又一起谈了国家大事。陈亮在带湖待了十天，然后一起去鹅湖玩儿。因为朱熹没到紫溪的约定地点，陈亮就急急忙忙走了。辛弃疾很想念陈亮，先写了首《贺新郎》寄给他。陈亮收到后，马上回了首《贺新郎·寄辛幼安和见怀韵》。

辛弃疾看到陈亮的回信，又想起了他们见面的情景，就写了《贺新郎·同父见和再用韵答之》，里面有句"男儿到死心如铁，看试手，补天裂"，特别能体现他的豪情壮志。

祭拜朱熹

辛弃疾与理学大家朱熹，两人曾共赴武夷山之约，探寻自然与哲理的奥秘。在那次游历中，朱熹深为辛弃疾的才情与气节所动，特书"克己复礼"与"夙兴夜寐"两幅字分别赠予辛弃疾，作为对其人格修养与勤勉精神的赞誉，辛弃疾也把两幅字，悬挂于其斋室之门，以示勉励。

时光流转，朱熹的学术思想虽深邃广博，却在一时之间遭遇了政治风波，被当权者韩侂胄一派诬为"伪学"，遭受严厉打压。在这样的背景下，朱熹不幸病逝，其门生故旧多因惧怕权势，不敢公然表达哀悼之情，更不敢前往吊唁，以免牵连自身。

然而辛弃疾并未被外界的压力所动摇。他无视韩侂胄一派的禁令，前往朱熹的灵前，行以大礼，深情哭祭。辛弃疾用"所不朽者，垂万世名。孰谓公死？凛凛犹生！"的悼词，表达了对朱熹的认可跟敬仰，这句话，既是对朱熹学术贡献与历史地位的肯定，也是对其精神永存的颂扬，同意是对当权者的呵斥。

中国古代才子

经纶满腹

辛弃疾的词作,不仅艺术成就斐然,更蕴含了深厚的历史文化底蕴,成为连接个人情感与国家命运的重要桥梁。他的词风既豪迈奔放,又不失细腻温婉。他擅长以历史典故为引子,借古喻今,抒发对国家兴亡的忧虑与对个人命运的感慨。如《破阵子》中的"醉里挑灯看剑",寥寥几字,便勾勒出词人心中那份难以平息的战斗热情与复国梦想。而《永遇乐》则通过对京口北固亭的凭吊,寄托了对英雄人物的追思,同时隐含了对时局的深刻批判,展现了辛弃疾深邃的历史洞察力与忧国忧民的情怀。

除了文学上的成就,辛弃疾在政治与军事领域同样表现出色。他始终坚持抗金复国的理想,多次向朝廷提出北伐的建议,展现了其坚定的政治立场与卓越的战略眼光。

辛弃疾的个人魅力与人生哲学,同样令人钦佩。他虽然怀才不遇,却始终保持着乐观豁达的心态,这种心态在他的词作中得到了充分体现。如《西江月》中的"明月别枝惊鹊,清风半夜鸣蝉",词人以轻松愉快的笔触描绘了夏夜的宁静与美好,透露出其内心的豁达与超脱。他善于从日常生活中汲取灵感,将个人的情感经历与国家的命运紧密相连,创作出既有深刻思想内涵又富有艺术感染力的作品。

辛弃疾是一位集文学才华、政治智慧、军事才能于一身的杰出人物。他的作品与思想,不仅为后世提供了丰富的文学享受,更为中华民族的精神世界增添了宝贵的内容。

识才尊贤

辛弃疾

大材小用古所叹,管仲萧何实流亚。天山挂旆或少须,先挽银河洗嵩华。

——陆游《送辛幼安殿撰造朝》

大材小用自古以来就令人叹息,管仲和萧何确实是人才中的佼佼者。在天山脚下竖起军旗或许只是暂时需要,但在此之前,我要先引来银河之水清洗嵩山和华山。

公所作大声鞺鞳,小声铿锵,横绝六合,扫空万古,自有苍生以来所无。其秾纤绵密者,亦不在小晏、秦郎之下。

——刘克庄《辛稼轩集序》

【译】辛弃疾的词作中,大声激昂铿锵,小声细腻缠绵,横贯天地,扫空万古,是自古以来所没有的。即使是那些细腻绵密的词作,也不在晏几道和秦郎之下。

稼轩词龙腾虎掷,任古逞奇雄,势欲摩空。壮声英概,懦夫听之,有踊跃思战;壮士聆之,有怒发冲冠。

——杨慎《词品》

【译】辛弃疾的词作如龙腾虎跃,任意挥洒,展现出奇雄的气势,仿佛要摩天而上。他的词作中充满了壮声英概,懦夫听了会跃跃欲试,想要上战场;壮士听了则会怒发冲冠,热血沸腾。

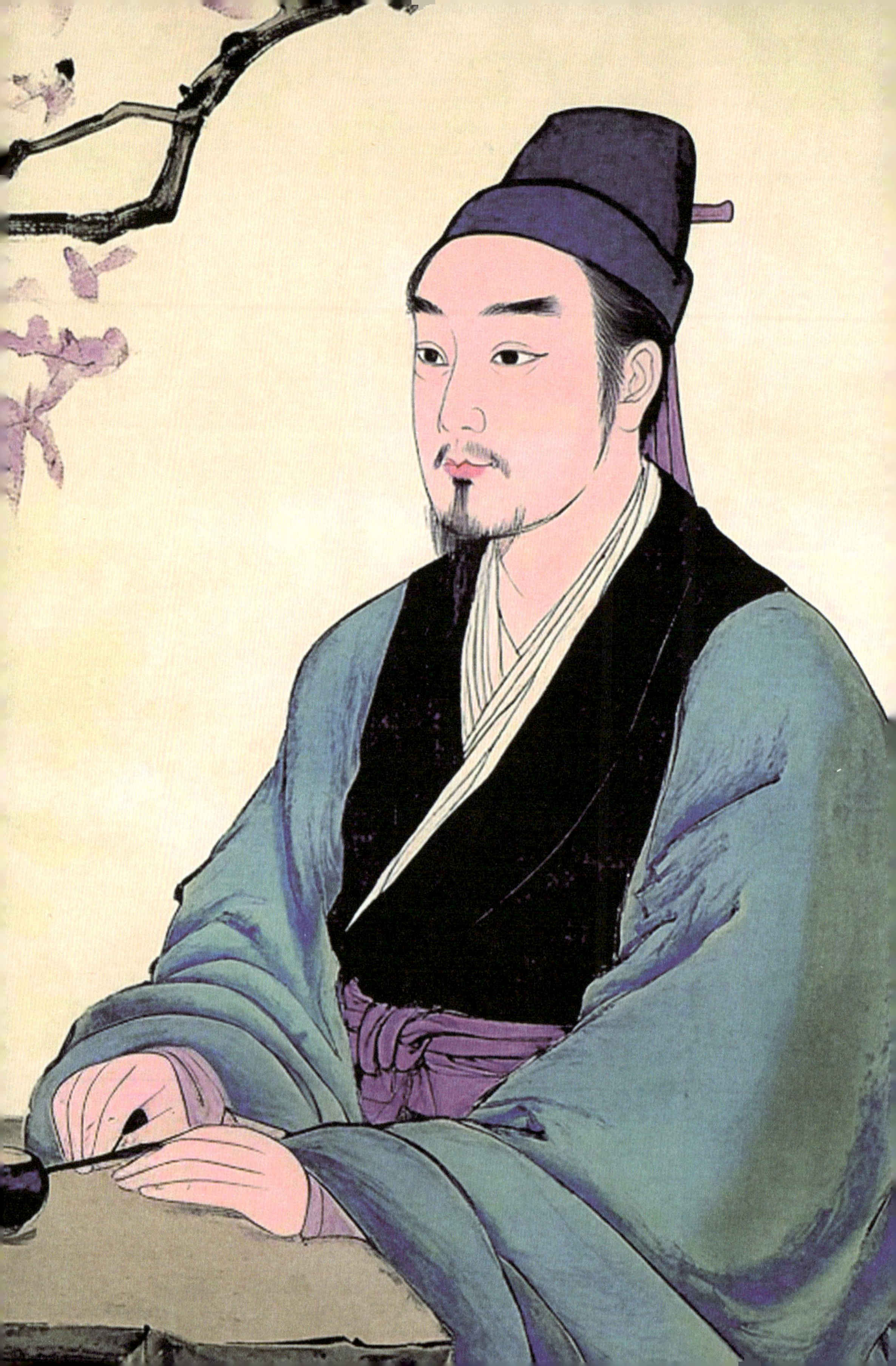

才情横溢,桃花仙人 —— 唐寅

他是明代著名的画家、书法家、诗人

他的画作融合南北画风,自成一家,尤工仕女图

他在诗文上,与祝允明、文徵明、徐祯卿并称『吴中四才子』

中国古代才子

凤鸣朝阳

唐寅（公元1470年—公元1524年），字伯虎，后改字子畏，号六如居士、桃花庵主等，江苏苏州府吴县人。他出身于一个商人家庭，父亲唐广德经营着一家小酒馆，生活虽不富裕，却也温饱无忧。

唐寅自幼聪明伶俐，十六岁时以第一名补苏州府府学附生，师从当时的大画家周臣学习绘画，同时又在文徵明父亲文林的指导下研习诗文，并展现出过人的天赋。少年时期，他便在当地小有名气，不仅书画双绝，且诗文亦佳。

但是，命运的转折发生在弘治七年（公元1494年），唐寅因牵涉科场舞弊案而被黜为吏，这使他心灰意冷，转而放浪形骸，寄情于诗酒之间，以卖画为生。

雅趣横生

悟画谦心

唐寅自幼便拜在大画家沈周门下学习绘画。沈周的教学方法颇为独特，他常常带领唐寅游山玩水，深入自然之中，观察万物的细微之处，随后便

唐 寅

要求唐寅，将印象最深刻的景象绘制下来。唐伯虎天资聪颖，加之勤奋好学，画技因此日益精进。他能够准确地捕捉自然之美，将其生动地展现在画布上。

然而，随着时间的推移，唐寅渐渐产生了自满的情绪。他开始觉得自己的画技已经炉火纯青，无须再费心去学习。沈周注意到了唐寅的这一变化，心中暗自担忧。他知道，自满是艺术家成长道路上的绊脚石，必须及时敲打。

一日，沈周决定给唐寅一个深刻的教训。他故意让唐寅去开窗户，唐寅走上前去，伸手一推，却发现手下的"窗户"竟然纹丝不动。他定睛一看，这才惊讶地发现，自己眼前的"窗户"竟是老师沈周精心绘制的一幅画。画中的窗户栩栩如生，连窗棂上的雕纹都清晰可见，仿佛真的窗户一般。

唐寅顿时面红耳赤，深感惭愧。他意识到自己在画技上还有许多不足，需要更加努力地学习。他回想起自己曾经的骄傲自满，不禁感到羞愧难当。从此以后，他更加潜心于绘画，再也不敢有丝毫的懈怠。

沈周的这一独特教法，不仅让唐寅的画技更加精进，更让他明白了谦虚谨慎、不断进取的重要性。在沈周的悉心指导下，唐寅的绘画技艺日益精湛，逐渐形成了自己独特的绘画风格，成了后世传颂的绘画大师。

佻达部第十一

一日，他前往茅山进香，途中路过无锡，夜晚时分，船只停泊在河边。唐寅闲来无事，便上岸漫步，不期然间，遇见一队肩舆从东而来，其中仕女如云，环肥燕瘦，而一位丫鬟更是姿色出众，吸引了他的注意。

唐寅心生好奇，便悄悄跟随她们，一路行至华府，方才得知那位美丽的丫鬟，竟是华学士的女婢。唐寅心生一计，决定应聘进入华府，化名华安，成为一名书童。在华府的日子里，他凭借自己的聪明才智和机智应对，很快便赢得了府上人的宠爱和信任。

某日，华府设计选妻，唐寅趁机选中了一位名叫桂华的美婢。然而，好景不长，过了几天，唐寅便携带着桂华悄然逃走，令华府上下大为震惊，派人四处寻找，却始终无果。

时光荏苒，过了许久，华学士偶然间来到阊门，在一家书肆中，他见到一人手持书籍翻阅，面貌与昔日的华安极为相似。华学士心中疑惑，私下找人询问，得知此人竟是名震江南的唐解元。

次日，华学士修书一封，前往唐寅的住处拜谒。他仔细观察唐寅的容貌，确认无误后，心中更是惊讶。到了上茶时，华学士更是确信眼前的唐解元与昔日的华安有着千丝万缕的联系，然而他却始终难以启齿。

唐寅见状，命下人上酒对酌，与华学士共饮。华学士无法忍受心中的疑惑，便讲述起华安的一些往事，试图挑明真相。唐寅只是唯唯诺诺地应对，既不承认也不否认。

华学士见状，心中不悦，起身欲告别。唐寅却笑道："请稍等，我有个请求。"说罢，他又命人上酒，与华学士共饮数杯。随后，他命人点烛引路，带着华学士进入后堂。在后堂中，唐寅命桂华出来拜见华学士。华学士见状，愕然不已。唐寅笑道："无妨，你且看仔细了。"他携着桂华，一同上前对华学士道："你说我像华安，却不识桂华吗？"华学士闻言，恍然大悟，二人相视而笑，随即道别。

科考舞弊案

弘治十三年（1500年），正值京城会试之时，主考官程敏政与李东阳皆为学界泰斗，他们所命的考题异常生僻，难倒众多考生。然而，有两份答卷却脱颖而出，内容贴切，文采斐然，引得程敏政赞叹不已，直言此二卷必出

唐 寅

自唐寅与徐经之手。此言迅速在京城内外传播开来。

会试结束后，京城中流言四起，有传江阴富商徐经以重金购得试题。户科给事中华昶得知此事后，急忙上奏皇帝，弹劾程敏政涉嫌泄露试题，并牵扯出徐经、唐寅二人。

明孝宗对此事极为重视，当即下令程敏政回避阅卷及录取工作，并命大学士李东阳与其他考官共同复审。

经过复审，李东阳等人证实，徐经、唐寅并未被列入录取名单，泄露试题之说纯属谣言。然而，舆论并未因此平息，反而愈演愈烈。为平息事态，朝廷决定由锦衣卫介入调查。经查，并无确凿证据证明试题泄露。但徐经曾向程敏政赠送礼物，唐寅也曾以金币求程敏政作文以赠乡试主考官梁储，二人因此被革除功名，贬为小吏。

程敏政因此事被罢官回乡，心情郁郁寡欢，深知自己清白无辜却遭此冤屈，心中愤

唐伯虎画像

懑难平。不久之后，他因愤懑成疾，不幸离世。而唐寅也因此事陷入困境，他不愿屈就小吏之职，觉得这是对自己才华的侮辱。回家后，夫妻关系紧张，生活陷入消极颓废之中。

经纶满腹

唐寅的艺术成就堪称辉煌，其影响力跨越多个艺术领域，不仅体现在绘画、书法上，更深入到诗文创作之中。在绘画领域，他尤为擅长工笔人物

155

画，这一技艺秉承了宋代院体画的精细严谨，在笔墨运用上，融入了元代文人画的情趣与韵味。唐寅的画作中，《清江曲》便是一个极佳的例子，此画描绘了文人雅士江边聚会的场景，人物神态各异，栩栩如生。同时，画中的山水背景则以简练的笔法勾勒，与精细的人物形成对比，这种技法上的融合与创新，正是唐寅艺术风格的独特之处。

而书法方面，唐寅的行草书堪称一绝，流畅而不失法度，既有晋人书法的飘逸之感，又保留了唐人书法的严谨结构。在其书法作品《落花诗册》中，每一个字都蕴含了生命的律动，笔画之间既有连贯的动感，又不失个体的独立美感，展示了他深厚的书法功底和对书法美学的独到理解。

至于诗文创作，唐寅的作品更是丰富多彩，不仅数量众多，而且题材广泛，风格多样。既有反映社会现实、批判时弊的深刻之作，如《一年歌》以时间流逝为主题，讽刺了世态炎凉和社会不公；也有抒发个人情感、描绘自然美景的细腻篇章，如《桃花庵歌》中，他以桃花庵为喻，表达了自己超脱世俗、追求自由生活的理想，以及他对自然和人生的独特感悟和深情厚意。这些诗作语言生动，意境深远，是明代文学中不可多得的佳作。

唐寅的诗风既有传统文人诗的典雅和含蓄，又有其独特的个性和创新精神。他善于运用丰富的想象力和生动的描绘手法，将景物、情感和思想融为一体，创造出富有感染力和艺术魅力的诗篇。他的作品不仅在技艺上达到了高超的水平，更在情感与思想上与观众产生了深刻的共鸣，这是唐寅作为一位杰出艺术家最为难能可贵之处。

通过对唐寅艺术成就的深入探讨，我们不难发现，他之所以能够在历史上留下如此深刻的印记，正是因为他那既传统又创新，既严谨又自由的艺术精神。

唐 寅

识才尊贤

子畏为文,或丽或淡,或精或泛,无常态,不肯为锻炼功;奇思常多而不尽用。其诗初喜秾丽,既又放白氏,务达情性。而语终璀璨,佳音多与古合。

——祝允明《唐子畏墓志并铭》

【译】唐寅(字子畏)写文章,风格或华丽或淡雅,或精致或宽泛,没有固定的常态,他不肯在锤炼文字上下功夫,但奇思妙想常常很多,却并不完全用在文章中。他写诗起初喜欢浓丽的风格,后来又仿效白居易,致力于表达真情实性。而他的诗句终究璀璨夺目,很多优美的句子都与古人的诗句相契合。

土木其形骸,冰雪其性情。藐千驷以若浼,拥万卷而自荣。狂士标格,才子声名。是将共叔夜伯伦而尚友,岂徒徵仲希哲为同盟。

——钱大昕

【译】他的身形如同土木般质朴,性情却像冰雪一样清冷高洁。他视千金如粪土,仿佛被其玷污,却以拥有万卷书籍而感到荣耀。他有着狂放不羁的士人风范,也享有才子的声名。他愿与嵇康(叔夜)、刘伶(伯伦)这样的高士结为超越时空的朋友,而不仅仅是与文徵明(徵仲)、徐祯卿(希哲)等人为同道的盟友。

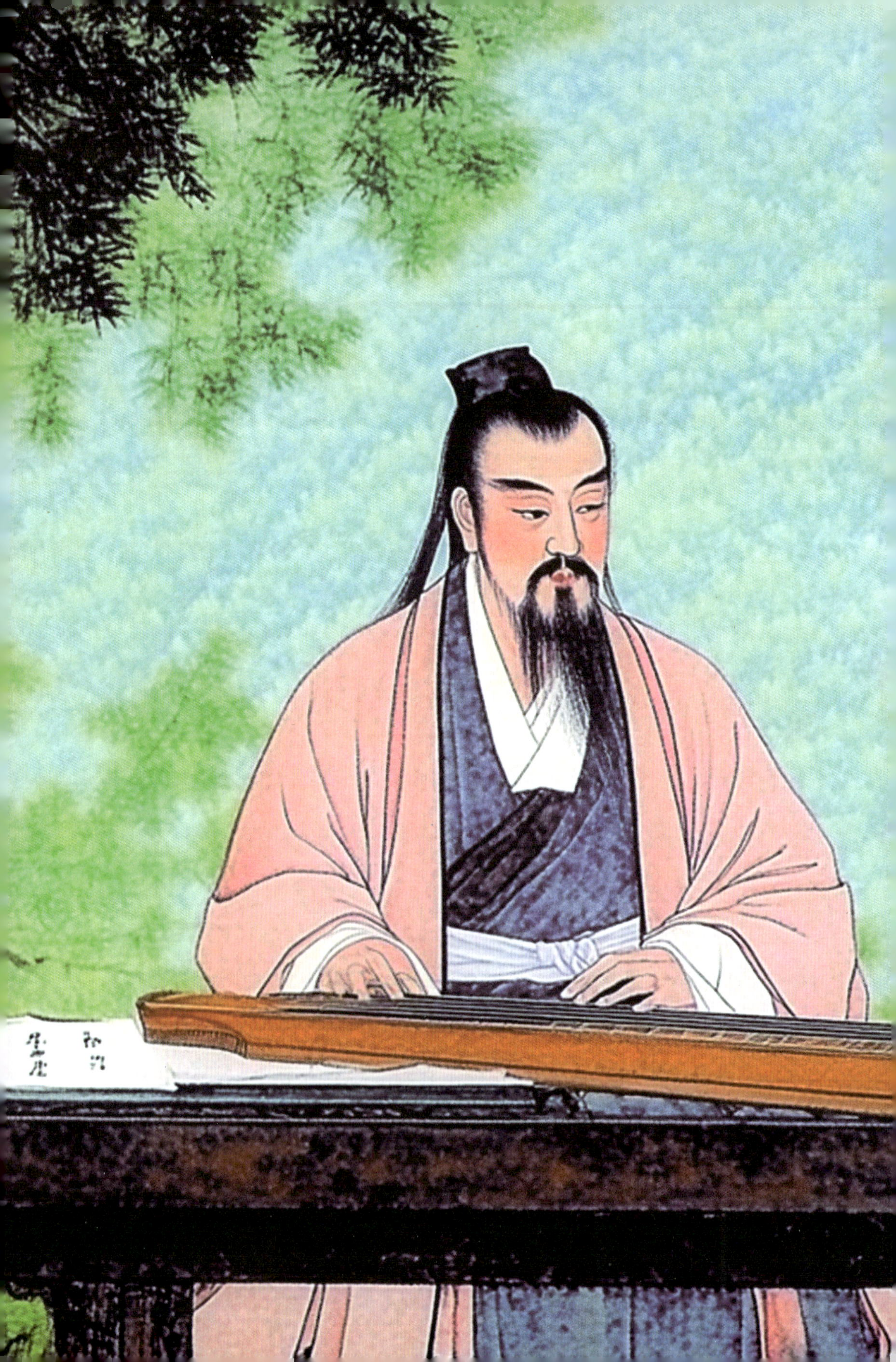

才情横溢,戏梦飞扬——汤显祖

他被称为"东方的莎士比亚"

他是"临川四梦"的创作者,对中国戏曲发展有着深远影响

他在文学和戏曲理论上均有建树,提出"情至说",强调情感在戏曲创作中的重要性

凤鸣朝阳

汤显祖（公元1550年—公元1616年），字义仍，号海若、若士、清远道人，中国明代著名的戏曲家、文学家。

汤显祖的幼年与少年时期，深受家庭文化氛围的熏陶。他的父亲汤尚贤不仅是一位官员，更是一位热爱文学的人，家中藏书丰富。在这样的环境下，汤显祖自小便对文学产生了浓厚的兴趣，尤其是诗词和戏曲。

青年时期，汤显祖步入仕途，曾任南京太常寺博士。然而，官场腐败、权贵横行，让他深感不满。他多次上书言事，希望改变朝政的弊端，却因此遭到了权贵的排挤和打压。

雅趣横生

创办书院

汤显祖在万历十九年（1591年）被贬至徐闻县担任典史。当时，徐闻县的民风崇尚斗狠，人们对生命价值往往持轻视态度。为了传播中原文明，改善当地的风俗习惯，汤显祖联合知县熊敏，使用自己的收入，在徐闻县共同

汤显祖

创办了一所名为"贵生书院"的书院。这所书院的主要目的是教导民众读书识字，让他们认识到生命的重要性，从而改变轻生的习俗。同时，汤显祖还积极宣传"君子学道则爱人"和"天下之生皆当贵重"的人生哲理，倡导尊重生命、珍视人生的价值观。

在书院的管理上，汤显祖精心规划，他写"天地孰为贵，乾坤只此生，海波终日鼓，谁悉贵生情"。在教学过程中，对学生们也是一视同仁，每日都充满热情地教导他们，使得书院的教学质量得到了保障。

通过汤显祖的不懈努力和宣传，徐闻县的文风逐渐兴盛起来，科举之风也随之盛行。清代《王夫子宾兴》碑文记载："自明义仍先生来徐闻建书院，而徐益知向学，当时沐其教者，辍魏科登赋仕，后先辉映，文风称极。"这段碑文充分证明了汤显祖对徐闻县文风兴盛的巨大贡献。尽管在万历十九年（1591年）至明末期间，徐闻县连年遭受旱灾的侵袭，民众生活困苦不堪，但人们对学习的热情却丝毫未减。在这期间，徐闻县仍然出了15名举人，足以说明汤显祖的教育理念在当地产生了深远的影响。

明清两代，徐闻县人民对贵生书院进行了多次修缮，并订立了《院规条》来规范书院的管理。同时，他们还拨出学田96石作为科举经费，以支持当地的教育事业。这些举措充分证明了汤显祖的学说已经深入人心，成了徐闻人民共同的精神财富。后来汤显祖病逝，当地人民为了表达对他的崇敬和怀念之情，纷纷捐款兴建了"汤公祠"。这座祠堂不仅是对汤显祖的永恒纪念，更是他教育理念在当地深入人心的有力证明。

放囚归乡

在明朝万历年间，汤显祖正于浙江遂昌县履行其治理之责。时值岁末，除夕之夜即将来临，家家户户沉浸在筹备佳节的忙碌与喜悦之中。汤显祖心念一动，思及那些身陷囹圄、无法与家人团聚的囚犯，心中涌起一股深切的同情。

他认为，即便身为罪犯，亦应有感受家庭温暖、共享天伦之乐的权利。于是，他做出了一个在当时看来极为大胆且前所未有的决定：允许狱中所有犯人暂时释放，回家过年，并定下了正月初四为归狱之日。这一决定迅速在遂昌县内掀起了波澜，引起了广泛的讨论与关注。

面对外界的各种声音，汤显祖却显得异常从容，他坚信自己的判断，更相信人性的善良与自我救赎的力量。为此，他挥毫泼墨，写下了一首《除夕遣囚》诗，诗中不仅描绘了除夕之夜星辰黯淡、烛火摇曳的景象，更蕴含了对囚犯们能够借此机会悔过自新、迎接新生的深切期望。时间悄然流逝，转眼间便到了约定的正月初四。令人意想不到的是，所有被释放的囚犯，竟无一例外地按时回到了监狱，他们的脸上洋溢着与家人团聚后的满足与幸福，同时也透露出对未来的希望与决心。汤显祖的这一举动，无形中传递了一种信任与尊重，让囚犯们感受到了人性的温暖与社会的宽容。

汤显祖画像

汤显祖

经纶满腹

汤显祖是明代杰出的戏曲家与文学家，有很多优秀的作品传世，尤其是他的"临川四梦"。

《牡丹亭》作为"临川四梦"之首，汤显祖在作品中表达了他深刻的文学态度，这部作品也成了中国戏曲史上的经典之作。

在这部作品中，汤显祖以细腻的笔触描绘了杜丽娘与柳梦梅之间超越生死的爱情，展现了人性中对真爱的执着追求。这种对情感的深刻挖掘与生动展现，正是汤显祖戏曲创作中的一大特色，也体现了他对人性与情感的独到见解。

共同构成"临川四梦"的其他三部作品也都各有千秋。在这些作品中，汤显祖展现了其非凡的文学功底，更体现了他对戏曲艺术创新精神。他巧妙地运用戏曲这一艺术形式，将复杂的人性、深刻的情感以及丰富的社会内容融入其中，使得他的作品既具有高度的艺术性，又充满了深刻的内涵。

在戏曲理论方面，汤显祖提出的"情至说"，强调情感在戏曲创作中的核心地位，对后世戏曲创作产生了深远的影响。他认为，戏曲创作应该以情感为驱动，通过生动的情节和鲜明的人物形象来展现内容。这一观点不仅在当时具有创新性，也为后世戏曲创作提供了重要的理论指导。

汤显祖在文学创作上的才华也体现在他的诗词创作中。他的诗词作品同样充满了深情与才情。无论是戏曲还是诗词，汤显祖都能以其独特的风格和真挚的情感，赢得读者的广泛赞誉。

中国古代才子

识才尊贤

汤显祖和莎士比亚的五个相同点：一是生卒年几乎相同（前者公元1550—公元1616年，后者公元1564—公元1616年），二是同在戏曲界占有最高的地位，三是创作内容都善于取材他人著作，四是不守戏剧创作的清规戒律，五是剧作最能哀怨动人。

——赵景深《汤显祖与莎士比亚》

写情则沁人心脾，写景则在人耳目，述事则如其口出是也。

——王国维《宋元戏曲史》

【译】汤显祖写情感深入人心，写景则让人身临其境，叙述事情则如同亲口说出一样真实。

《牡丹亭记》，丽娘者，乃可谓之有情人耳。情不知所起，一往而深。生者可以死，死可以生。

——王思任

【译】《牡丹亭记》中的杜丽娘，可以说是一个有情人。情感不知道从哪里产生，一旦产生就深沉无比。活着的人可以为情而死，死了的人也可以为情而生。

汤显祖

　　汤显祖与莎士比亚时代相同，但具体的戏剧创作传统不同，前者依谱按律填写诗句曲词，后者则以话剧的开放形式施展生花妙笔，认为汤显祖的创作空间与难度更大。1986年到1987年，徐朔方两次钻研了汤显祖与莎士比亚，联系剧作家与中西历史文化发展的关系，指出汤显祖生活的明朝封建社会，比起莎士比亚的伊丽莎白时代而言，要封闭落后得多，故而汤显祖塑造出《牡丹亭》里杜丽娘敢于追求自身幸福的人物，更是难能可贵。

——徐朔方《汤显祖与莎士比亚》

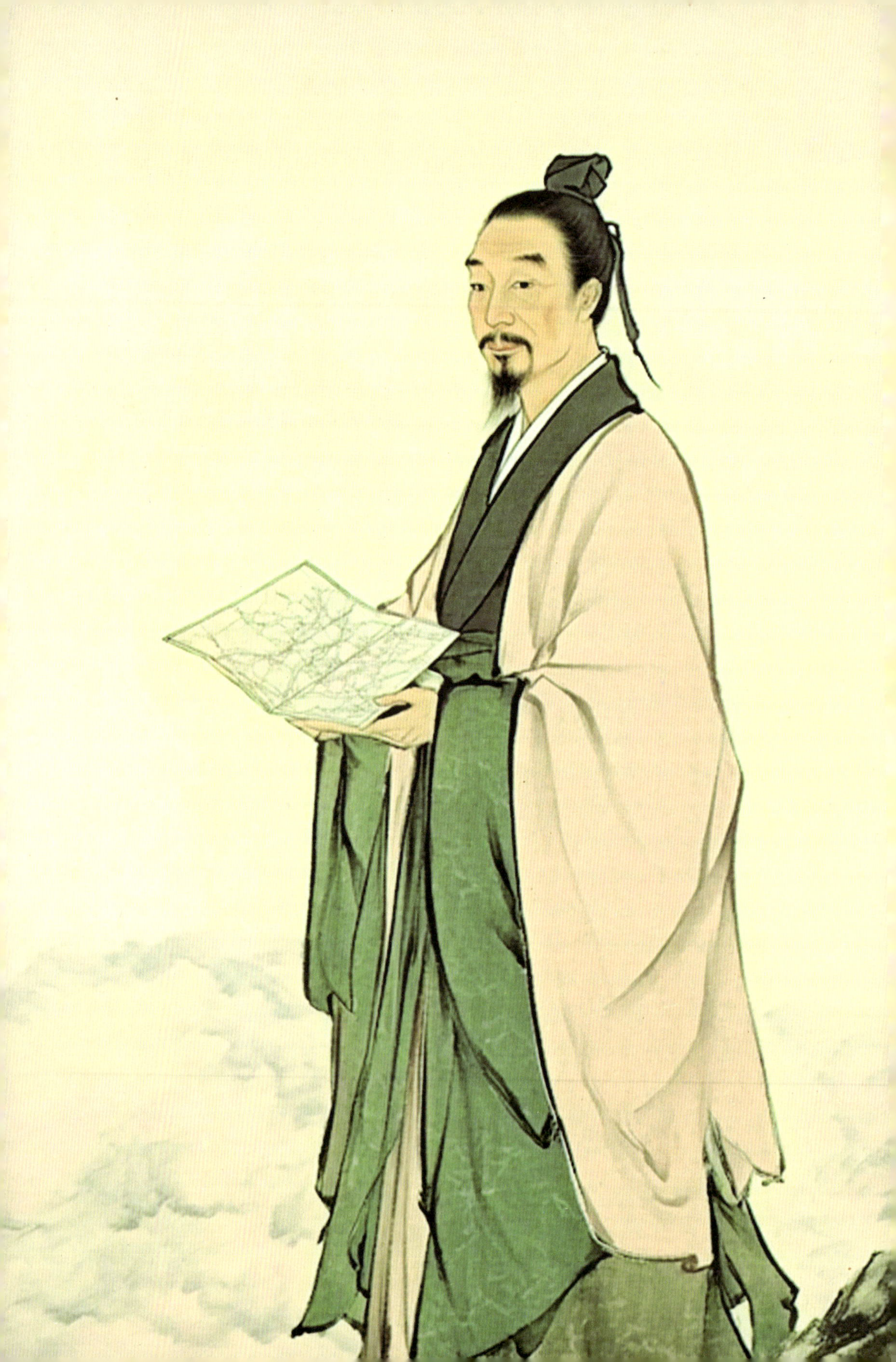

游历四方，探奇穷尽——徐霞客

他是明代著名的地理学家、旅行家和文学家，他一生致力于探索中国的大好河山，留下了丰富的游记作品，他的游记对后世地理研究、文学创作产生了深远影响。

凤鸣朝阳

徐霞客（公元1586年—公元1641年），名弘祖，字振之，号霞客，江苏江阴（今江苏无锡江阴市）人。他出身于一个书香门第，家境富裕，自幼受到良好的家庭教育。徐霞客一生未入仕途，而是选择了一条与众不同的道路——游历四方，探索自然。

他游历过中国的大江南北，足迹遍布今天的江苏、浙江、安徽、福建、山东、河北、山西、陕西、河南、江西、广东、广西、湖南、湖北、贵州、云南等地，并且留下了《徐霞客游记》这一宝贵的地理文献和文学佳作。

雅趣横生

偶遇隐士

在徐霞客的游历过程中，有一次他偶然遇到了一位当地的隐士。这位隐士年岁已高，须发皆白，却精神矍铄，眼神中透露出一种深邃的智慧。他对徐霞客的游历行为表示不解，眉头微皱，语气中带着几分责备："年轻人，你为何不安心读书、考取功名，却四处奔波呢？"徐霞客闻言，微

徐霞客

微一笑，向隐士阐述了自己的志向："我愿以身许天下，但求真理，不慕虚名。"隐士听后，目光中闪过一丝赞赏之色。他缓缓点头，对徐霞客的志向和抱负表示了赞赏："好一个'以身许天下，但求真理，不慕虚名'！年轻人，你有如此志向，实属难得。"说罢，他伸出枯瘦如柴的手，与徐霞客结为忘年之交。

在交往中，隐士向徐霞客传授了许多当地的地理知识和风土人情。他详细讲述了山川的走势、水流的源头，以及各地的民俗习惯、历史传说。这些宝贵的知识和经验为徐霞客的游记增添了丰富的内容，让他的笔触更加生动有力。

湘江遇盗

在四百年前，交通不便，但徐霞客并未因此退缩，他选择徒步探索广袤的土地，尤其偏爱攀登险峻山峰与探险急流。这一路上，他面临了诸多挑战，包括三次强盗的威胁与四次粮食断绝的困境。其中，一次在湘江的遇盗经历尤为惊险，他跳水脱险，才得以保命。

崇祯九年（1636年），51岁的徐霞客开始了他的第四次出游，计划深入探访多地的自然风光。

然而，不久便在湘江遭遇了强盗，行李与旅费被抢，同伴受伤。面对困境，有人劝他放弃并资助他回家，但他坚决拒绝，表示无论何处都可成为他的归宿。

在粮食与旅费短缺的情况下，徐霞客并未放弃，而是用随身携带的物品换取所需。他不仅在旅途中欣赏了各地的风景与文化，还结识了众多志同道合的朋友，他们相互分享、鼓励，使他的旅行更加丰富多彩。

徐木之谊

崇祯九年（公元 1636 年），年逾五旬的徐霞客启程踏上了他人生中最漫长、最遥远，同时也是最后一次的考察之旅。历经三年跋涉，于崇祯十二年（公元 1639 年）正月二十五日，他终于抵达了丽江，受到了当地土司木增的热情款待。

丽江虽然交通不便，但其壮观的金沙江和巍峨的玉龙雪山却深深吸引了徐霞客。同时，他对丽江木氏土司木增对中原文化的热爱也表示了由衷的钦佩。

在丽江逗留期间，徐霞客不仅为木增整理编校了《云薖淡墨》一书，还受木增之邀，指导其子木宿写作，并为他推荐了名士黄道周。在这短短的十天里，他夜以继日地工作，充分满足了木氏土司对中原汉文化的渴求。此外，他还在日记中详细记载了明末丽江纳西族聚居地的生活状况、民族关系、风俗习惯以及气候、物产、景观等，为后世的研究留下了珍贵的文字资料。

在丽江和鸡足山的日子里，徐霞客还完成了《丽江纪略》《鸡山志》等著作，并撰写了《溯江纪源》《滇中花木记》《法王缘起》等重要作品。其中，《溯江纪源》一书首次确认了金沙江为长江的源头，纠正了前人关于"岷山导江"的错误观点。

然而，长期的旅途劳顿使徐霞客的身体状况每况愈下，最终导致了他的双脚残废、心力交瘁。得知这一消息后，木增毫不犹豫地派人用滑竿护送徐霞客东归。他们一行人历经艰辛，跋山涉水，日夜兼程，用了长达 156 天的时间才完成这段艰难的旅程。在这段旅途中，徐霞客与纳西族人民建立了深厚的友谊。

徐霞客

经纶满腹

徐霞客的《徐霞客游记》是他一生游历的结晶，也是中国地理学和文学史上的一部杰作。这部游记详细记录了徐霞客游历过程中的所见所闻，其内容丰富多样，涵盖了各地的地貌、水文、气候等自然现象，以及风土人情、历史文化等人文景观。它不仅为我们提供了宝贵的地理资料和历史信息，还以其生动的笔触和独特的视角，向我们展现了中国的大好河山和丰富多彩的文化内涵。

在地理学上，《徐霞客游记》的价值尤为突出。徐霞客在游记中详细记录了他对各地的地貌、水文等自然现象的观察和描述，这些记录不仅准确细致，而且往往包含了他自己的独特见解和分析。例如，他对石灰岩地貌的描述和解释，就体现了他敏锐的观察力和深厚的地理学素养。这些珍贵的地理资料和研究成果，对于我们了解和研究古代中国的自然环境具有极高的价值。

同时，徐霞客的游记在文学上的价值也不容忽视。他的文笔生动流畅，善于运用各种修辞手法，使得他的游记不仅具有科学性和准确性，还具有极高的文学性和艺术性。他以自己的亲身经历和感受为素材，创作出了许多富有感染力和想象力的文学作品。例如，他在游记中对山川景色的描绘，总能够引人入胜。这种生动的描绘使得他的游记在文学史上也占有重要的地位。

徐霞客画像

除了地理学和文学上的价值外，《徐霞客游记》还体现了徐霞客作为一位才子的多方面才能和能力。他在游记中不仅记录了自然和人文景观，还表达了自己对人生、社会、历史等方面的深刻思考和见解。这些思考和见解体现了他的广博知识和敏锐洞察力，也展现了他作为一位思想家和学者的风采。

总的来说，《徐霞客游记》是一部集地理学、历史学、文学于一体的杰作，为我们提供了宝贵的地理资料和历史信息通过阅读这部游记，我们可以更加深入地了解徐霞客的人生历程和思想世界，也可以更加直观地感受到他作为一位地理学家、文学家和思想家的卓越才能和非凡能力。

识才尊贤

如有可能，我就游历黄河、长江，从黄河口子沿河而上。搞一班人，地质学家、生物学家、文学家，只准骑马，不准坐车，骑马对身体实在好，一直往昆仑山，然后到猪八戒的那个通天河，翻过长江上游，然后沿江而下，从金沙江到崇明岛。我有这个志向，……我很想学徐霞客。徐霞客是明末崇祯时江苏江阴人，他就是走路，一辈子就是这么走遍了，主要力量用在长江。

——毛泽东

"他反对人畜共处，较早指出牲畜饲养和采石、烧石灰对生态环境的破坏，强调政府的禁令对生态环境的保护作用，歌颂良好的生态环境。"徐霞客的生态思想，对于当今倡导建设资源节约型和环境友好型社会有着积极的意义。

——华中师范大学历史文化学院教授姚伟钧

徐霞客

徐霞客一生所追求的就是人与大自然的和谐共处。"他把山形水势、晴空阴云情趣化、拟人化、性格化,体现了对大自然的仁爱"。《徐霞客游记》很好地说明了中国传统科学是一种"活的科学",不仅将"人"纳入景观宇宙之中,而且在生存危机中关注对自身生活方式的调节,以更适合自然环境,达到大自然与人类社会的协调发展。

——北京大学教授、中国徐霞客研究会副会长于希贤

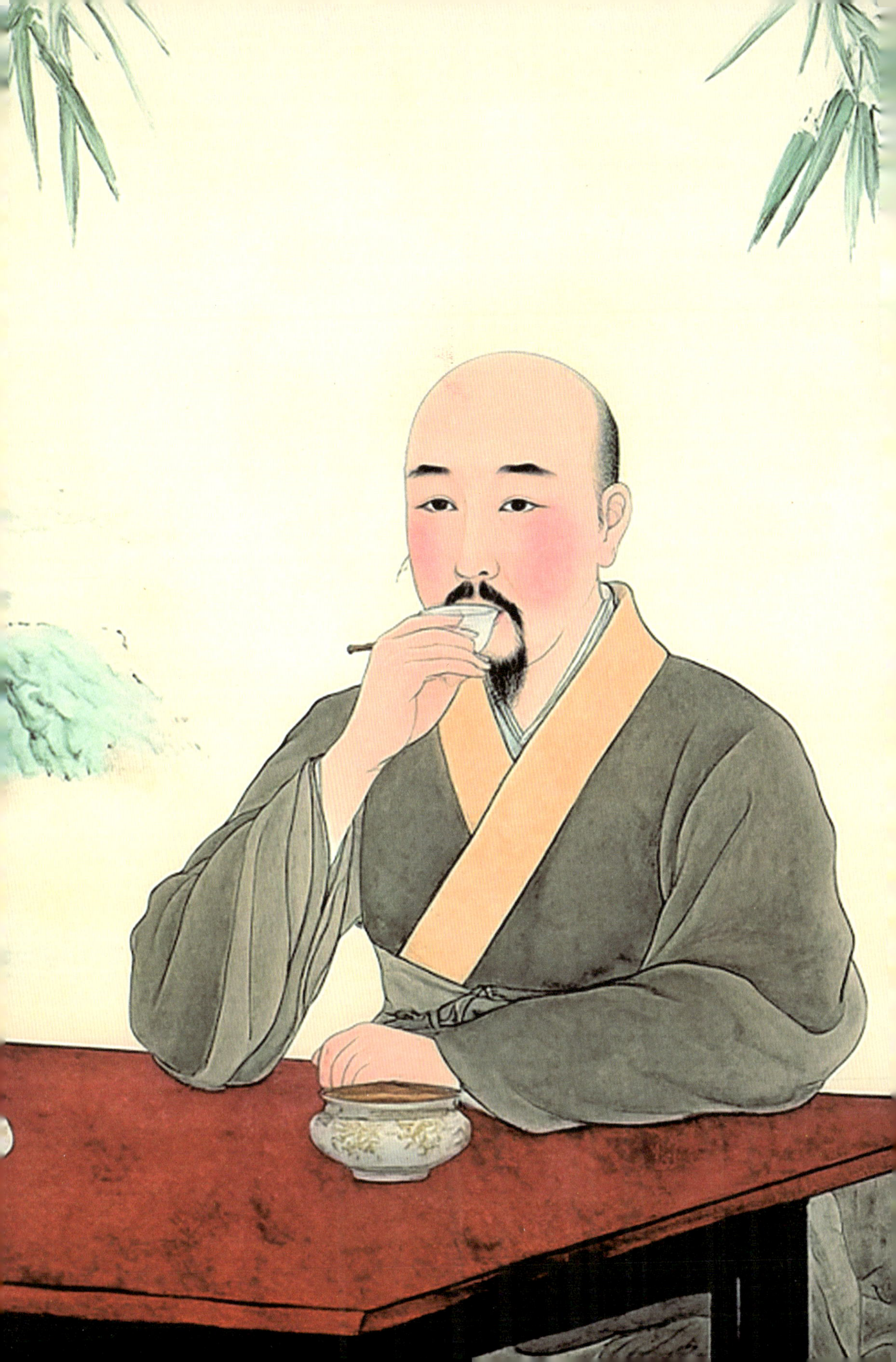

天纵英才，词坛骄子 ——纳兰性德

他是清朝著名词人，纳兰词名扬四海

他的词作被誉为『清代词坛之冠』

他在诗词创作上独树一帜，融合了汉文化与满族风情

中国古代才子

凤鸣朝阳

纳兰性德（公元1655年—公元1685年），字容若，号楞伽山人，原名纳兰成德，后因避太子保成名讳而改为纳兰性德。他出生于北京，籍贯满洲正黄旗，是大学士纳兰明珠的长子，幼年时，他便在父亲的指导下接受了严格的汉文化教育，广泛阅读经史子集，打下了坚实的文学基础。

少年时期，纳兰性德更是展现出了超乎常人的文学天赋，他的诗词开始流露出独特的个人风格，既有汉文化的雅致，又不失满族的风情，才华显著的他二十二岁时就高中进士，授三等侍卫，后升为一等，随驾出巡，扈从狩猎，深受康熙帝赏识。而且纳兰性德的社会关系广泛，不仅家族中多有朝中高官，他本人也因才华出众而交友甚广，与顾贞观、朱彝尊、陈维崧等当时著名的文人学士也都交往密切。

雅趣横生

伉俪情深

《清史稿》记载，纳兰性德是大学士明珠之子，卢氏是两广总督卢兴祖之女，纳兰性德与卢氏的结合，可以说是才子佳人的典范。两人婚后生活和谐，感情深厚，共同度过了许多欢乐的时光。卢氏不仅美貌出众，更兼有才情，与纳兰性德在文学上有着共同的追求和话题，这使得他们的感情更加深厚。

好景不长，卢氏在婚后数年便因病离世，这对纳兰性德来说是一次巨大的打击。他无法接受这个事实，整个人陷入了深深的悲痛之中。为了寄托对亡妻的思念，他开始将情感倾注于词作之中。

在《浣溪沙·谁念西风独自凉》中，纳兰性德写道："谁念西风独自凉？萧萧黄叶闭疏窗。沉思往事立残阳。"这句词描绘了他独自站在西风中，面对着萧萧黄叶和即将落山的残阳，沉思着与卢氏共度的往事。他的心中充满了无尽的凄凉与孤独，因为再也没有人能够与他共同分享那些美好的时光了。

在《青衫湿·悼亡》中，他更是直接表达了对卢氏的悼念之情："近来无限伤心事，谁与话长更？"他感到自己内心的痛苦和无助，因为再也没有人能够倾听他诉说心中的悲伤了。他只能将这份失去爱妻的痛苦深深地埋藏在心底，通过词作来寄托自己的哀思。

共救吴兆骞

纳兰性德与顾贞观两个清初文坛的新星，不仅是文学上的知己，更是生活中的挚友。

顾贞观有一位挚友吴兆骞，因一场科场案被流放至宁古塔，那里的生活艰苦异常，吴兆骞的日子过得极为艰难。顾贞观得知后，心急如焚，他深知凭自己一己之力难以改变吴兆骞的命运，于是，他向纳兰性德求助。

纳兰性德听闻吴兆骞的遭遇，心中充满了愤慨。他立刻慷慨解囊，为吴兆骞提供经济上的支持。但纳兰性德深知，金钱虽能解一时之急，却无法从

纳兰性德画像

根本上解决问题。于是，他利用自己在朝廷中的地位和广泛的人脉，开始四处奔走，为吴兆骞的赎还事宜竭尽全力。

纳兰性德行动迅速，他不仅在朝廷中积极为吴兆骞申辩，还亲自前往宁古塔，了解吴兆骞的实际情况，为他的赎还收集证据。他的努力没有白费，经过一段时间的奔波，吴兆骞终于得以成功赎还，重获自由。

当吴兆骞回到京城，与顾贞观和纳兰性德重逢时，三人相拥。这一事件在文人圈中引起了巨大的轰动，人们纷纷为纳兰性德的义举称赞，他的友情和忠诚成了人们口中的佳话。

饮水情缘

在纳兰性德的生活中，除了官场的应酬与家族的期望，最让他感兴趣的，还是那些与友人相聚、共赏诗词、畅谈人生的夜晚。在这些时光里，他遇到了许多志同道合的朋友，其中不乏才情横溢的文人墨客。他们常常在月下相聚，以诗会友，以词传情，纳兰性德的词作便是在这样的氛围中逐渐成形。

某日，纳兰性德在一次聚会上，偶遇了一位名叫沈宛的女子。沈宛不仅容貌出众，更有着不凡的才情，她的诗词清新脱俗，深深吸引了纳兰性德。两人一见如故，迅速陷入了爱河。然而，由于身份的差异和家族的阻挠，他们的爱情并未能如愿以偿，最终只能以遗憾收场。

这段未了的情缘，却激发了纳兰性德无尽的创作灵感。他将这份深情与遗憾，化作了一首首感人至深的词作，收录在他的《饮水词》中。每一首词，都像是他与沈宛之间未完的故事，诉说着无尽的思念与哀愁。

《饮水词》的问世，不仅让纳兰性德的名字更加响亮，也让他的词作成为当时文坛上的一股清流。人们被他那深情细腻、意境深远的词风所打动，更被他那敢于追求真爱，不畏世俗束缚的勇气所折服。

经纶满腹

纳兰性德的词作，多以爱情和人生为主题，其细腻的情感和深刻的思考，都在其中呈现。在爱情方面，他通过词作描绘了爱情的甜蜜与苦涩，如《浣溪沙》中的"被酒莫惊春睡重，赌书消得泼茶香"，体现了词人对亡妻的深深怀念，情感真挚，令人动容。而在人生思考方面，纳兰性德表达的是对人生无常的感慨，如《采桑子》中的"而今才道当时错，心绪凄迷"，就是他对过去错误的反思和对逝去时光的惋惜。并且纳兰性德的词风清新自然，语言优美，这得益于他对前人创作经验的借鉴与融合。他熟读唐诗宋词，深受其影响，又能推陈出新，将自己的独特感悟融入其中。他的词作既保留了传统诗词的韵味，又展现了个人风格的创新。例如，《长相思》中的"山一程，水一程，身向榆关那畔行，夜深千帐灯"，就以简洁明快的语言描绘了边疆行军的艰辛与壮阔，是个人风格的完美展示。

此外，纳兰性德的词作还蕴含着丰富的文化内涵。他既精通汉文化，又熟悉满族文化，这使得他的词作在内容上更加丰富多彩。他善于运用满族的文化元素来丰富词作的表现力，同时将汉文化的诗词传统与满族的文化特色相结合。除了词作外，纳兰性德在诗歌、散文等文学创作方面，也都有所涉猎且独具风格。诗歌清新脱俗，意境深远；散文则流畅自然，情感真挚。

后世对纳兰性德的评价极高，他的词作被誉为"清代词坛之冠"。他的创作理念对后来的词人产生了重要的影响。许多词人效仿他的词风，创作出了一批批优秀的词作，使得纳兰词的影响得以延续至今。

识才尊贤

性德事亲孝，侍疾衣不解带，颜色黧黑，疾愈乃复。数岁即习骑射，稍长工文翰。

——赵尔巽《清史稿》

【译】（纳兰性德）天性品德高尚，侍奉亲人非常孝顺，在亲人患病期间，他衣不解带地侍奉左右，因此脸色变得黧黑，直到亲人的病痊愈后他才恢复常态。他几岁的时候就开始学习骑马射箭，年纪稍大一些后，又擅长写文章。

以成容若之贵，项莲生之富，而填词皆幽艳哀断，异曲同工，所谓别有怀抱者也。

——谭献《复堂词话》

【译】以成容若（纳兰性德）的显贵身份，项莲生（项鸿祚）的富裕家境，他们填词却都表现出幽深艳丽、哀婉动人的风格，虽然手法不同但却有着相同的妙处，这就是所谓的内心有着独特的情怀与抱负吧。

纳兰性德

纳兰容若以自然之眼观物,自然之舌言情。此由初入中原,未染汉人风气,故能真切如此。北宋以来,一人而已。

——王国维《人间词话》

【译】纳兰性德观察事物的视角质朴自然,其抒发情感的语言也同样真挚。这归因于他初到中原,尚未被汉族的文化习俗所同化,因此能够保持这份纯真的表达。自北宋以来,他堪称独树一帜,无人能出其右。

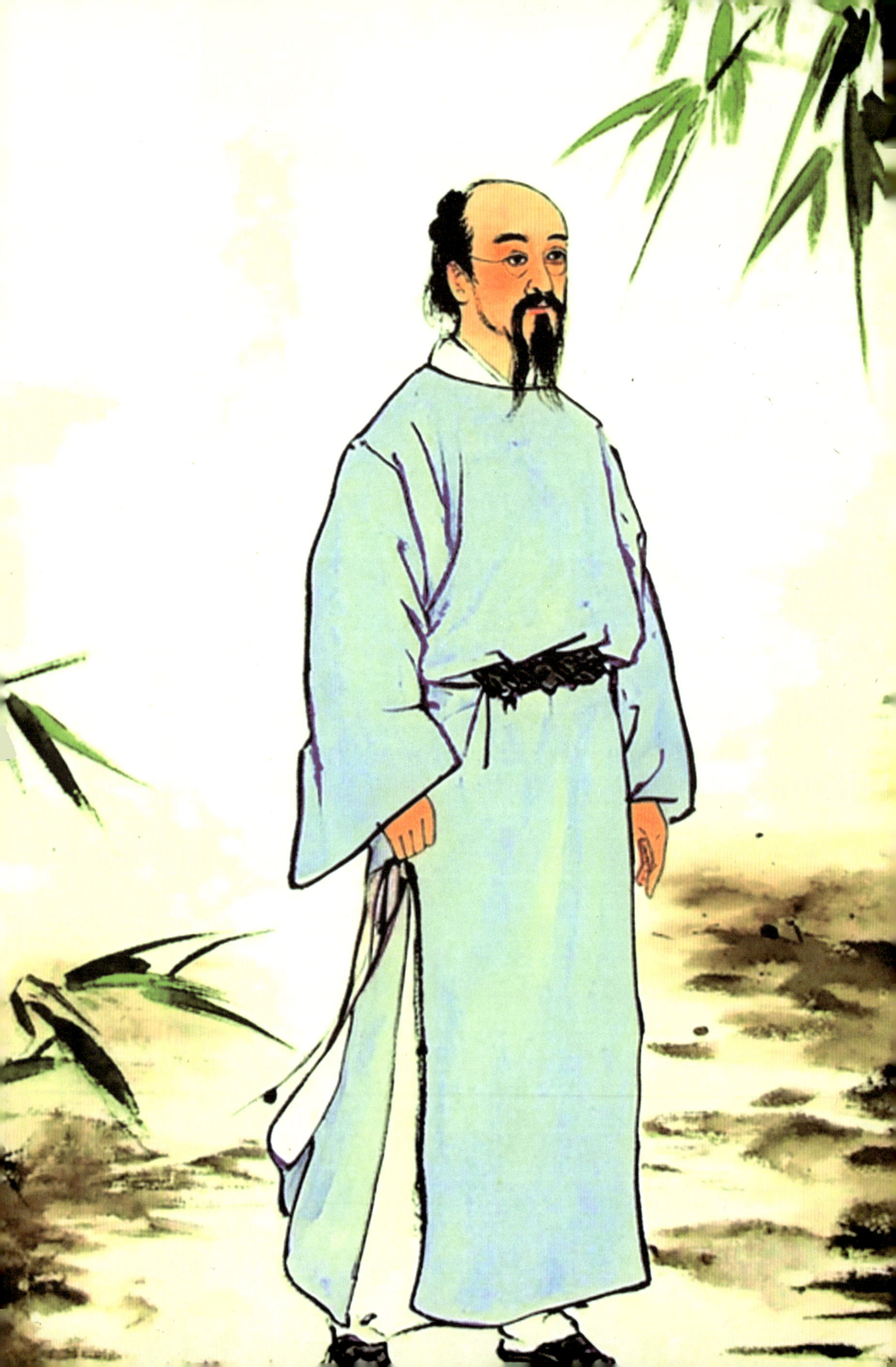

墨香流韵，
笔走龙蛇

——郑板桥

他是清代著名的书画家、诗人，以『扬州八怪』之一著称

他是历史上第一个对自己的画作明码标价的画家

他写竹入画，画竹传情，被誉为古往今来的第一咏竹诗人

中国古代才子

凤鸣朝阳

郑板桥（公元 1693 年—公元 1766 年），原名郑燮，字克柔，号理庵，又号板桥，江苏兴化人。他出身贫寒，早年丧母，由乳母抚养长大，后靠卖画为生。郑板桥一生经历了康熙、雍正、乾隆三朝，是清代著名的书画家、诗人，与罗聘、李方膺、李鱓、金农、黄慎、高翔和汪士慎并称"扬州八怪"。

幼年时期，他虽家境贫寒，但聪明好学，对书画有着浓厚的兴趣。少年时，他开始跟随乡间的老画师学习绘画，初步掌握了绘画的基本技巧。后来离开家乡，游历四方，广结师友，也让他的艺术生涯发生转折。

雅趣横生

刻苦习字

郑板桥早年研习书法之路异常艰辛，他深入研究各种字体，均能模仿得惟妙惟肖，但内心深处总觉有所欠缺，仿佛隔着一层薄纱未能揭开。他常常沉浸于书法的殿堂，对每一笔的走势与结构反复思量，总感觉自己的书法少了些独特的韵味。

郑板桥

某日,他甚至在妻子的背上比画起来,细细品味字的笔法与构造,希望能找到突破的契机。妻子对此感到不悦,半开玩笑地说:"你有你的体,我有我的体,你老在人家的体上画什么?"这句无心之言,让他豁然开朗。

他顿悟到,自己一直过于拘泥于古人的规矩,缺乏个人的独特风貌。于是,他决定挣脱束缚,不再在旧有的道路上徘徊,而是要在个人体悟的基础上,开拓创新,独树一帜。

他开始大胆尝试,融合黄庭坚的长笔与八分书的特色,夸张其摇曳生姿的韵味,使得字形略显扁平,左低右高,姿态如画,别具一格。他的书法逐渐展现出独特的韵味与生命力,每个字都仿佛拥有了独立的灵魂与故事。

郑板桥画像

他又巧妙地将画兰竹的技法融入书法之中,追求书法的画意美。他的笔触如兰竹般灵动自然,充满了生命的节奏与韵律。每个字都宛如一幅生动的画作,令人陶醉不已。随着时间的推移,郑板桥的书法技艺愈发精湛,他的"板桥体"也在书法界逐渐崭露头角。清代文人蒋士铨曾赞誉他"写字如作兰,波磔奇古形翩翩"。他勇于突破传统、敢于创新的精神深深影响了他的学生与后辈。他们纷纷效仿郑板桥,追求个性化的书法风格,使得郑板桥的书风在当时广为流传,影响深远。

颇有骂名

郑板桥辞官之后,一身轻松,重返扬州,重操旧业,卖起了字画。由于他昔日的名声与现今的稀缺性,求购者络绎不绝,收入颇为可观。然而,郑板桥对于那些附庸风雅、实则俗不可耐的暴发户，尤其是那些腰缠万贯、脑满肠肥的盐商，向来是嗤之以鼻。即便他们愿意出高价购买，他也绝不轻易动笔，更不会给予好脸色。他坚守着自己的艺术原则，不愿让金钱玷污了自己的笔墨。郑板桥的性格极为独特，高兴时挥毫泼墨，兴致盎然，整个世界都随着他的笔触而舞动；不高兴时，即便是重金相求，他也断然拒绝，甚至不惜出言相骂，毫不顾及世俗的眼光和利益。这种怪异的脾气，自然难以被世俗所理解和接受，但也正是这份独特，让他在众多字画家中独树一帜。有一次，他为一位朋友作画，画完之后，他特意在画上题字，坦率地自我调侃道："终日作字作画，不得休息，便要骂人。索我画，偏不画，不索我画，偏要画。"

好吃狗肉

郑板桥曾公开设定了书画的润格，规定所有求取他书画的人必须先支付定金，并且明确列出了收费标准，这一举动既显得风趣，也彰显了他独特的个性。在那个时代，许多显赫的家族和权贵都以能在自家的厅堂中展示板桥的书画作品为荣耀。

有一次，一群豪绅为了得到郑板桥的书画，精心策划了一个计谋。他们打听到郑板桥酷爱吃狗肉，便在他与友人外出游玩的必经之路上，借用了一户村民的茅舍，烹制了一锅香气四溢的狗肉。当郑板桥一行人路过时，主人热情相迎，用狗肉和美酒盛情款待他们。郑板桥并未察觉其中的诡计，而是尽情享受美食，连连称赞酒香肉美。

饭后，主人拿出了笔墨纸砚，请求郑板桥留下墨宝作为纪念。郑板桥觉得今天大饱口福，便欣然同意，起身挥毫泼墨。他还特意询问了主人的姓名，在作品上署名以表达感激之情。书写完毕后，他心满意足地离开了。

然而，后来在一次宴会上，郑板桥意外地发现了自己的书画作品被挂在那里，这才意识到自己被骗了。他感到非常后悔，自责自己因为贪吃而落入了豪绅们的圈套，竟然被他们用如此简单的手段骗走了书画。

智骂豪绅

有一次，镇上一位名声不佳的豪绅找到郑燮，想请这位颇有名望的书法家为自己的府邸题写门匾。但是这位豪绅平日里惯于阿谀奉承官府，背后干了不少欺压百姓的勾当。郑燮心知肚明，但碍于情面不便直接拒绝，于是他心生一计，决定给这位豪绅一点颜色瞧瞧。

郑燮挥毫泼墨，写下了"雅闻起敬"四个大字，字体遒劲有力，看上去很是气派。但是在交付门匾之前，他悄悄把漆匠叫到一旁，吩咐了一番。漆匠听后，嘴角忍不住勾起一抹笑意，连连点头表示明白。

到了油漆门匾的时候，漆匠按照郑燮的吩咐，对"雅、起、敬"三个字只漆了左半边，而对"闻"字则只漆了"门"字部分。这样一来，门匾上看似完整的字其实都缺了一半。豪绅见状，虽然有些疑惑，但也没多想，只当是郑燮的一种独特风格，便高高兴兴地让人把门匾挂上了楼前。

日子一天天过去，风吹日晒雨淋，门匾上那些没有上漆的部分逐渐变得模糊不清，而上了漆的部位却越发显得鲜明。这样一来，原本端端正正的"雅闻起敬"四个字，在远处一看，竟然变成了"牙门走苟"。这"牙门走苟"与"衙门走狗"谐音，正好讽刺了这位豪绅平日里巴结官府、欺压百姓的行径。

豪绅起初还没发现这一变化，直到有一天，一位路过的书生偶然抬头看见了门匾，忍不住笑出声来。豪绅察觉异样，抬头一看，顿时气得脸色铁青。他明白自己这是被郑燮给捉弄了，但又不好发作，毕竟这字是人家写的，而且当初自己也是求着人家写的。

从此以后，每当有人经过豪绅的府邸，看到那块门匾，都会忍不住笑出声来。而那位豪绅，也因为这个门匾的事情，成了镇上的一个大笑话。

经纶满腹

郑板桥的作品成就丰富多样，不仅限于某一特定领域，而是广泛涵盖了书画诗等多个范畴。在绘画方面，他尤其以墨竹作品闻名遐迩。通过对笔墨浓淡干湿的精妙运用，郑板桥生动地描绘了竹子的各种形态，无论是挺拔的竹干、摇曳的竹叶，还是竹林中弥漫的清幽气息，都在他的笔下栩栩如生，展现出了竹子的神韵与生命力。

以郑板桥的墨竹画为例，其《墨竹图》便充分展现了他的艺术风格和个性特征。在这幅画中，他运用干湿浓淡的墨色，以简洁明快的笔触勾勒出了竹子的形态。画面中的竹子挺拔而富有弹性，竹叶疏密有致，层次分明。这种对竹子形态的精准捕捉和生动表现，展现了郑板桥深厚的绘画功底。同时，画中的留白和笔墨的虚实处理也恰到好处，使得整个画面充满了诗意和韵律感。

在书法领域，郑板桥的造诣同样深厚。他尤其擅长隶书与楷书，这两种书体在他的笔下展现出了独特的风格。他的隶书既有古人的法度，严谨而庄重，又不失个人的创新，笔力雄健，结构稳健。而楷书则更显其细腻与温婉，笔画之间流露出一种文人雅士的温润气质。这种在书法上的独特风格，使得郑板桥在清代书法界独树一帜。

以郑板桥的《隶书轴》为例。这件作品笔画雄健有力，结构严谨而又不失灵动。在隶书的传统法度基础上，他融入了自己的创新元素，使得整个作品既具有古人的庄重与典雅，又充满了个人的独特韵味。除了书画之外，郑板桥在诗歌创作上，也展现出了非凡的才华。他的诗作内容广泛，既有对生活的深刻感悟，也充满了幽默和讽刺。并且语言质朴自然，意境深远，往往能在简短的诗句中蕴含丰富的情感和哲理，让人回味无穷。

识才尊贤

兴化郑进士板桥风流雅谑，极有书名，狂草古籀，一字一笔，兼众妙之长。

——"扬州八怪之一"金农《冬心先生画竹题记》

【译】兴化的郑进士，即板桥（郑燮，号板桥），风度翩翩，谈吐幽默风趣，他的书法极有名气。无论是狂放的草书还是古朴的籀文，每一个字、每一笔都兼具了众多书法风格的优点。

板桥行楷，冬心分隶，皆不受前人束缚，自辟蹊径。然为后学师范，或堕魔道。

——杨守敬《学书迩言》

【译】郑板桥的行楷和金农的分隶，都不受前人风格的束缚，各自开辟了新的书法路径。然而，如果他们被后来的学者当作模仿的典范，有可能会误入歧途，走向极端或怪异的风格。

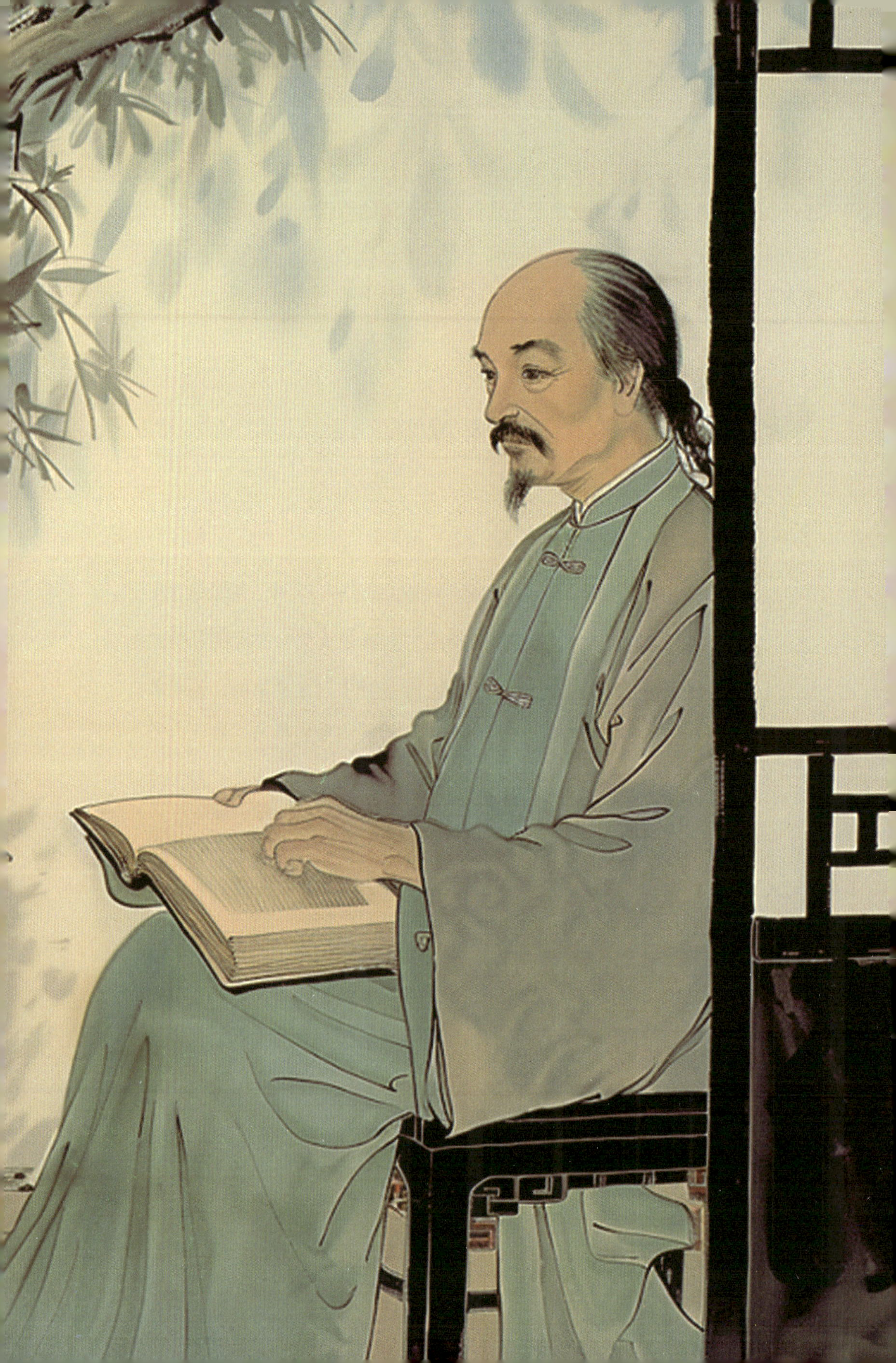

红楼梦笔，墨洒千秋

——曹雪芹

他是《红楼梦》的作者，该书被誉为中国古典小说的巅峰之作

他出身于清代的文学世家，家族背景深厚，自幼受文化熏陶

他在贫困潦倒中坚持文学创作，展现了非凡的毅力和才华

中国古代才子

凤鸣朝阳

曹雪芹（公元1715年—公元1763年），原名曹霑，字梦阮，号雪芹，又号芹溪、芹圃。他出生于南京，祖籍辽阳（今属辽宁），是清代著名的文学家、诗人和画家。曹雪芹出身于一个显赫的文学世家，其曾祖父曹玺、祖父曹寅、伯父曹颙和父亲曹頫三代四人相继担任江宁织造达六十余年之久，与皇室关系密切，家族一度极为繁荣。然而，到了曹雪芹这一代，由于种种原因，家族迅速衰败。

曹雪芹的幼年与少年时期是在南京度过的，那时家族正处于鼎盛时期，他得以接触到良好的教育环境。自幼便展现出了过人的文学天赋，对诗词歌赋有着浓厚的兴趣。随着年龄的增长，他逐渐开始涉猎更广泛的文学领域，包括小说、戏曲等。

家族衰败后，曹雪芹随家人迁居北京，即使生活陷入了困境，他依然坚持读书和写作，与一些文人墨客保持着密切的交往，共同探讨文学和艺术。

曹雪芹

雅趣横生

纵情诗酒

敦诚的诗作里面记载了这样一个故事，某个秋雨绵绵的清晨，敦诚踏进了位于内城西南角太平湖畔的槐园，这里是敦敏的寓所。未曾料想，此行竟有意外之喜，他在园中偶遇了曹雪芹。由于时辰尚早，敦敏尚未起身，连家中的童子也仍在梦乡之中。于是，两位文人雅士不谋而合，决定前往附近的酒肆，共饮一番。

在酒肆中，敦诚兴致高涨，解下腰间佩刀作为质押，以换取美酒助兴。曹雪芹在酒意的催化下，乘兴吟诗作歌，以表达对敦诚盛情的感激。敦诚亦不甘示弱，创作了《佩刀质酒歌》以作回应，两人之间的情谊在诗酒中得到了升华。

又有一次，敦敏与敦诚携带着几罐精心挑选的好酒，一同前往西山拜访曹雪芹。

在那里，他们不仅品尝了美酒，还亲手采摘了瓜花，将其烹制成佳肴，增添了几分野趣。敦诚在欢聚之时，即兴赋诗，其中有"瓜花饮酒心头乐"之句，生动描绘了当时三人把酒言欢、乐在其中的情景。这两次相聚，都见证了曹雪芹与敦敏、敦诚之间深厚的友谊，以及他们在诗酒中共同度过的欢乐时光。

写书红楼

在家族衰败与人生坎坷的双重打击下，曹雪芹并未沉沦，而是凭借着他坚忍不拔的毅力与卓越的文学天赋，踏上了文学创作的不归路。

据史料记载，曹雪芹在创作《红楼梦》的过程中，投入了极大的心血与精力。他不仅对文稿进行了多次的精心修改与完善，还不断地推敲字句，力求每一个细节都能达到尽善尽美。

曹雪芹的才华在《红楼梦》中得到了充分的展现。他深刻刻画了众多栩栩如生的人物性格，使得每一个角色都独具特色，跃然纸上。同时，他还巧妙地安排了故事情节，使得整部作品跌宕起伏，引人入胜。除此之外，他还对社会现实进行了敏锐的洞察与深刻的剖析，使得《红楼梦》不仅是一部文学作品，更是一部反映社会现实的百科全书。

曹雪芹画像

曹雪芹创作《红楼梦》的艰辛历程与卓越才华，不仅得到了后世的广泛

曹雪芹

认可与赞誉，还在《红楼梦》第一回中得到了他本人的自述印证："曹雪芹于悼红轩中披阅十载，增删五次"。

经纶满腹

提及曹雪芹，就不得不提《红楼梦》。这部作品是中国古典小说的杰出代表，而且赢得了"中国古代社会生活百科全书"的美誉。在《红楼梦》中，曹雪芹以四大家族的兴衰为宏大背景，细腻地描绘了贾宝玉、林黛玉、薛宝钗等人物的情感纠葛与命运波折。他通过对人物心理的深刻剖析和场景的生动描绘，使得读者仿佛置身于那个既真实又虚幻的世界之中。

曹雪芹的文学风格独具匠心。他运用丰富的想象力和细腻的笔触，将现实与虚构巧妙地融合，创造出一种既真实又超脱的文学境界。他的语言质朴而不失华丽，能够准确捕捉人物内心的微妙变化，使作品在情感表达上极具张力。同时，他巧妙地运用象征、隐喻等手法，增强了作品的艺术效果，正是这些独特的创作手法，使得《红楼梦》在文学史上熠熠生辉。

除《红楼梦》外，曹雪芹还著有《废艺斋集稿》等作品。这些作品虽不如《红楼梦》那般广为人知，但同样体现了他的文学才华和独特风格。在这些作品中，他以敏锐的观察力和深刻的洞察力，描绘社会、刻画人性，为读者呈现了一个又一个生动的故事。

后世很多文学评论家对曹雪芹及其作品，都给予了高度评价。他们认为，《红楼梦》不仅是中国古典文学的瑰宝，更是世界文学宝库中的璀璨明珠。曹雪芹的文学成就和人格魅力，不仅激励了一代又一代的文学爱好者，更为后世文学创作提供了宝贵的借鉴和启示。

中国古代才子

识才尊贤

全书所写,虽不外悲喜之情,聚散之迹,而人物事故,则摆脱旧套,与在先之人情小说甚不同。……盖叙述皆存本真,闻见悉所亲历,正因写实,转成新鲜。

——鲁迅《中国小说史略》

【译】全书所描绘的内容,虽然不外乎悲欢离合的情感和人们聚散离合的轨迹,但在人物刻画和故事情节上,却摆脱了以往的陈旧套路,与先前的人情小说有很大的不同。……这是因为书中的叙述都保持了事物的本来面目,所描述的见闻都是作者亲身经历过的,正因为这种写实的手法,反而使得作品显得新颖独特。

英国人讲,宁愿失去英伦三岛,不愿失去莎士比亚。曹雪芹和莎士比亚、塞万提斯一样,用文学的火把给人以真情,给人以温暖,给人以诀别旧制度的勇气。

——胡德平

曹雪芹是中国最伟大的文学家之一。他在世界文学史上的地位与成就,比之于莎士比亚、歌德、巴尔扎克、普希金、托尔斯泰都毫不逊色。

——蔡义江